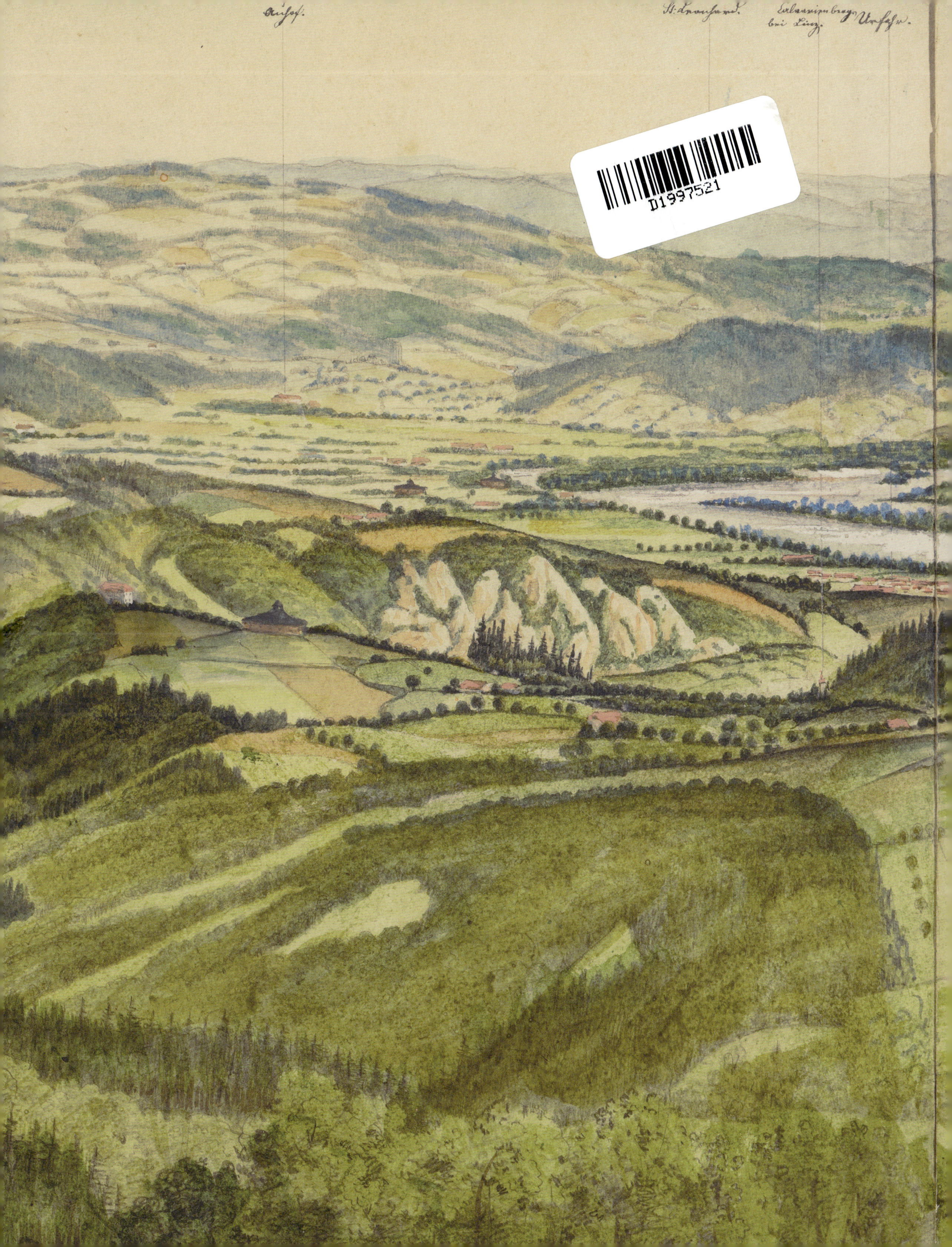
Auhof.
St. Leonhard.
Calvarienberg bei Linz.
Urfahr.

Schl. Hagenberg.
Jägermaierberg.
Wartberg.
Linz.

Linz auf Sommerfrische

Naherholung im Mühlviertel und Salzkammergut

Andrea Bina, Michaela Nagl, Lisa Schmidt (Hrsg.)

Linz auf Sommerfrische

Naherholung im Mühlviertel und Salzkammergut

Nordico Stadtmuseum Linz
8.5.–25.8.2024

Francois de Naumann, ***Ansicht von Linz und Umgebung***, 1785,
Aquarell, 68,5 × 85 cm, Nordico Stadtmuseum Linz, Inv.-Nr. T 15290

Inhaltsverzeichnis

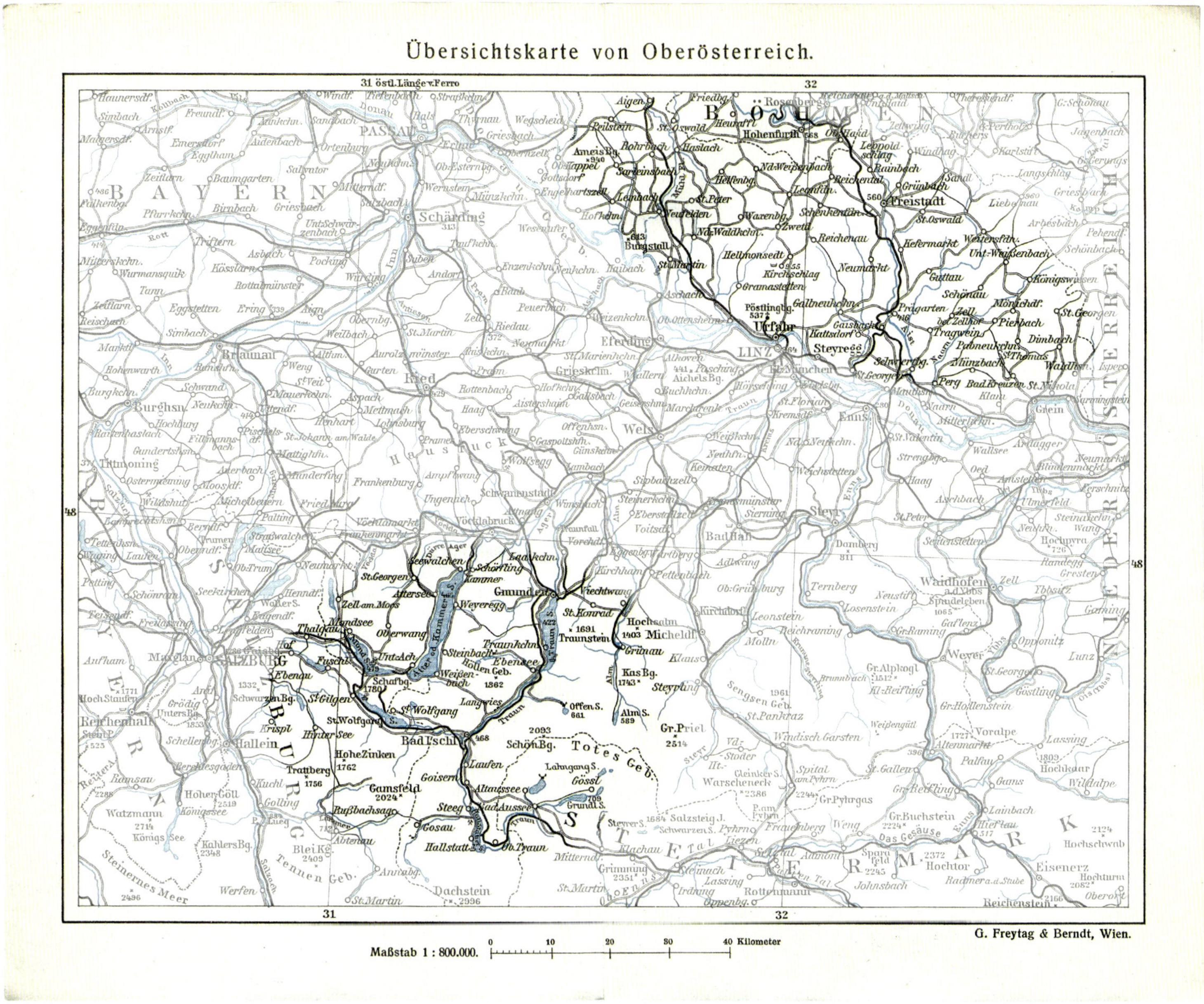

G. Freytag & Berndt, Wien, ***Übersichtskarte Oberösterreich***,
Montage, Oberösterreichische Landesbibliothek, OoeLB-3789957

Unbekannt, ***„Grüsse aus den Bergen“***, mit Linzansicht, um 1910,
Ansichtskarte, Nordico Stadtmuseum Linz, Inv.-Nr. NA-063320

Von neuer Sommerfrische.

Berge, Hügel, See oder Teich? Berge, Hügel, See und Teich!

Österreich gilt als klassisches Urlaubsland. Bedingt durch den kontinuierlichen Klimawandel und den damit verbundenen höheren Temperaturen ist der Aufenthalt in unserer Region noch populärer geworden. Dieser Trend schließt an eine lange Tradition der Sommerfrische an, die sich besonders im Salzkammergut um die vorletzte Jahrhundertwende großer Beliebtheit erfreute. In den letzten Jahren ist aber auch die Region des Mühlviertels im allgemeinen Fokus angekommen. Nach der Covid-19-Pandemie ist die Sehnsucht der Menschen nach Natur, Ruhe, Rückzug und Stille aktueller denn je: Viele Arbeitnehmer*innen nützen die Möglichkeit des Homeoffice. Und warum dieses nicht entfernt vom urbanen Umfeld in einer entspannenden Umgebung verbringen?

Der Begriff „Sommerfrische" hat in den letzten Jahrzehnten eine tiefgreifende gesellschaftliche Veränderung vollzogen. Heute bedeutet der Ausdruck, der aktuell eine Renaissance erfährt, nicht mehr den saisonalen Aufenthalt, sondern ein Verweilen von nur wenigen Wochen oder Tagen an einem Ort. Vor allem wird nicht mehr der gesamte Hausrat in eine andere Region übersiedelt – heute ist in manchen Gegenden eher der Zweitwohnsitz verbreitet. Mancherorts wie z. B. in Nußdorf am Attersee überholen diese sogar die Zahlen der lokalen Bewohner*innen (250/100).

Ich oute mich gleich zu Beginn als leidenschaftliche Anhängerin beider Natur- und Kulturlandschaften. Viele Linzer*innen nutzen die gute geografische Lage der Landeshauptstadt, die oftmals als „Donaustadt am Alpenrand" bezeichnet wird, aktiv, und bewegen sich in gleichem Maße in den hier fokussierten Regionen Mühlviertel und Salzkammergut. Beide Regionen sind unverwechselbar und einzigartig, sie haben jeweils ihren speziellen Reiz. Unter anderem bieten beide Landschaften bei den richtigen Wetterbedingungen einen fantastischen nächtlichen Sternenhimmel ohne Lichtverschmutzung. Die Möglichkeiten der Aufenthalte sind vielfältig. Sie reichen von Müßiggang, Erholung und Entspannung bis hin zu kreativer, geistiger oder körperlicher Arbeit, vom Wandern in der hügeligen Landschaft bis hin zu alpinen Herausforderungen wie Bergsteigen und Klettern. Außerdem bieten die Teiche und Seen Abkühlung, die man mit verschiedensten Sportarten verbinden kann. Wünschenswert und bereichernd ist in jedem Fall der Kontakt mit lokalen Bewohner*innen.

Einzigartig ist das Plateau, die Weite des Mühlviertels und der damit verbundene Fernblick ins Salzkammergut, den bereits Adalbert Stifter in seiner Erzählung *Der Hochwald* literarisch verewigt hat:

Leopold Lahner, ***Philipine Lahner mit Tochter Ingeborg am Wolfgangsee***, um 1930, Fotografie koloriert, 14 × 9 cm, Privatbesitz

R. Manhartsberger, ***Hildegard Manhartsberger im Rodltal***, um 1930, Fotografie, 11 × 8,5 cm, Leihgabe Peter Manhartsberger

„[…] über alle Wipfel der dunklen Tannen hin ergießt sich dir nach jeder Richtung eine unermessne Aussicht, strömend in deine Augen und sie fast mit Glanz erdrückend. Dein staunender und verwirrter Blick ergeht sich über viele, viele grüne Bergesgipfel in webendem Sonnendufte schwebend, und gerät dann hinter ihnen in einen blauen Schleierstreifen – es ist das gesegnete Land jenseits der Donau mit seinen Getreidehängen und Obstwäldern – bis der Blick endlich auf jenen ungeheuren Halbmond trifft, der den Gesichtskreis einfasset: die Norischen Alpen. – Der große Briel [Priel, Anm. d. Verf.] glänzt an heiteren Tagen wie eine lichte Flocke am Himmelsblaue hängend, – der Traunstein zeichnet eine blasse Wolkenkontur in den Kristall des Firmaments. – Der Hauch der ganzen Alpenkette zieht wie ein luftiger Feengürtel um den Himmel, bis er hinausgeht in zarte, kaum sichtbare Lichtschleier, drinnen weiße Punkte zittern, wahrscheinlich die Schneeberge der ferneren Züge.“[1]

1 Stifter, Adalbert: *Gesammelte Werke*. Band I. Der Hochwald. München 1982, S. 50.

Diese Publikation vereint „Blitzlichter" bisher unveröffentlichter Texte aus den Regionen Mühlviertel und Salzkammergut, wobei keine gesamtheitliche Erzählung angestrebt wird. Der offen gewählte Zeitrahmen von etwa 1850 bis heute soll eine große thematische Bandbreite ermöglichen, jedoch inhaltliche Wiederholungen vermeiden, denn vieles wurde bereits zur Kulturlandschaft dieser Regionen, deren historischer Entwicklung, der Architektur und Kunst sowie zur Sommerfrische veröffentlicht. Die Motivation zur Ausstellungsidee ist lose mit der Kulturhauptstadt 2024 in Bad Ischl verknüpft. Im Juli 2024 wird das Ischler Stadtmuseum nach eingehender Renovierung und mit einer neuen Ausstellung zur Sommerfrische eröffnet.

Ich danke allen Autor*innen für ihre Beiträge, die mit dieser Publikation einen neuen Zugang zum aktuellen und breitgefächerten Thema ermöglicht haben, sowie allen, die an dieser Publikation mitgearbeitet haben. Ich danke meinen Co-Kuratorinnen Michaela Nagl und Lisa Schmidt für die gute und lustvolle Zusammenarbeit.

„Wenn wir uns der Sommerfrische nähern wollen, ist eine Begriffsdefinition hilfreich. Jeder weiß, was „Wenn wir uns der Sommerfrische nähern wollen, ist eine Begriffsdefinition hilfreich. Jeder Sommerfrische ist. Aber was ist das eigentlich?"[2] Klar ist auf alle Fälle: Sommerfrische ist kein Urlaub. Und genau diesem Phänomen geht Historikerin Herta Neiß in ihrem Beitrag zur Sommerfrische nach und erkundet dabei die konträren Voraussetzungen beider Kulturlandschaften. Im Text zur „Frühen Sommerfrische" von Kunsthistorikerin Michaela Nagl können wir bisher unveröffentlichte schriftliche Aufzeichnungen der Künstlerin Agathe Schwabenau an ihren Sohn Egon Hofmann-Linz nachlesen, illustriert von jüngst in Bayern aufgefundenen Aquarellen und Zeichnungen von ihr selbst als auch von ihrer Mutter Antonie. Architekt Tobias Hagleitner fokussiert die topografische Expansionsgeschichte der Linzer Lustfahrt samt ihren Bewegungsradien und übertitelt diese treffend „Einmal Sommerfrische und zurück". Erinnerungen und Familiäres zur Sommerfrische im Oberen Mühlviertel erfahren wir durch den Bericht der Lehrerin Margareta Moser „Familientreffen. Sommerfrische bei Verwandten", die lebendigen autobiografischen Erinnerungen der Generaldirektorin der Österreichischen Nationalbibliothek Johanna Rachinger an ihren elterlichen Gasthof in Putzleinsdorf sowie einen Text des Juristen Nikolaus Benke über das erste Touristenhaus des Stiftes Schlägl am Hochficht, welches zuerst seine Großeltern und später seine Tante geführt haben. Aus dem Salzkammergut erzählt Kunsthistoriker Berthold Ecker von seinem Kindheitsparadies am Attersee und Architekt Thomas Pauli von seiner Großtante Anna Sarsteiner, die über sechs Jahrzehnte Gastgeberin der Villa Sarsteiner in Bad Ischl war.

---

2 Jorda, Thomas und Kos, Wolfgang: Die Sommerfrische ist kein Urlaub. Ein Interview mit Wolfgang Kos, in: Hauenfels, Theresia und Jorda, Thomas: *Wohnen im Sommer. Das Phänomen Sommerfrische*, St. Pölten 2009, S. 212.

Michaela Nagl erkundet im Text „Sehnsuchtsräume. Die Landschaft zur sommerlichen Erfrischung in Malerei und Fotografie" Sammlungsbestände von *Lentos Kunstmuseum* und *Nordico Stadtmuseum* und ergänzt diese um weitere zeitgenössische Positionen. Zudem betreute sie sorgfältig die Redaktion des vorliegenden Buches. Weiteren Spuren der Kunstproduktion folgten in ihren Beiträgen die Kunsthistorikerin Elisabeth Nowak-Thaller über den Ausnahmekünstler Klemens Brosch, der die Inspiration beider Landschaften gleichermaßen verarbeitete, ich selbst war der Amateurfotografin Helene Clodi-Titze und ihren fotografischen Arbeiten in Linz und am Traunsee auf der Spur und der Germanist Martin Sturm folgte Adalbert Stifter „auf den wundervollen Berg" nach Kirchschlag. Der Kunst- und Architekturhistoriker Georg Wilbertz erforschte ein bislang noch unbekanntes Gebiet mit dem Titel „Dem Brodem entkommen – Aspekte einer ‚Sommerfrische für alle'".

Kulturhistorikerin Lisa Schmidt berücksichtigte in ihrem Beitrag aktuelle Tendenzen der zeitgenössischen Sommerfrische im Mühlviertel und besorgte als Registrarin der Sammlung des *Nordico* die Organisation des Projektes. Ihre Karenzvertretung übernahm Sebastian Piringer. Klaudia Kreslehner, Kuratorin für Community Outreach im *Nordico*, lässt uns an zeitgenössischen aktuellen Phänomenen wie Waldbaden, Slow Tourism und Overtourism teilhaben. Zeitgenössische fotografische Positionen stammen von Norbert Artner, Bernhard Fuchs, Gregor Graf, Nicola Hackl-Haslinger, Otto Hainzl, Gerlinde Miesenböck, Stefan Oláh und Violetta Wakolbinger. Anja Zachhuber, Verlag Anton Pustet, lektorierte sorgsam, den Kontakt zum Verlag betreute Julia Furtner. Die Grafik des Buches stammt in bewährter Zusammenarbeit von Norbert Artner, ebenso die Reproduktionen. Thomas Pauli gestaltete mit viel Kenntnis zu beiden Gegenden die Schau im *Nordico*.

Ich gratuliere dem 1874 gegründeten *Alpenverein Linz* zu seinem 150-jährigen Jubiläum. Aus diesem Anlass ergab sich eine spannende Kooperation mit Studierenden der *Kunstuniversität Linz*, Abteilung künstlerische Wissenspraktiken. Unter der kenntnisreichen Leitung des Bergführers Gottfried Seisenbacher (Alpenverein Linz) erkundeten Amalia Barboza (Kunstuniversität Linz), Andrea Bina (Nordico Stadtmuseum Linz), Sandra Fournier (Alpenverein Linz) und Gudrun Wallenböck (Kunstuniversität Linz) bei einer gemeinsamen Wanderung im Juli 2023 die Pferdeeisenbahnstrecke im Mühlviertel. Eine zweite Wanderung mit Student*innen folgte im Oktober 2023. Ziel dieser Unternehmung war die gemeinschaftliche Gestaltung eines Ausstellungsraumes. Weitere Wanderungen werden folgen, ich freue mich darauf!

Mein besonderer Dank gilt allen Mitarbeiter*innen der Museen der Stadt Linz.

Andrea Bina
Leitung Nordico Stadtmuseum Linz

Peter Hauenschild/Georg Ritter, ***Roter Traunstein***, 2018,
Pastell, 180 × 180 cm, Lentos Kunstmuseum Linz, Inv.-Nr. G 8949

Fa. Hummer, ***Sammelteller „Bad Ischl“***,
Porzellan, DM 25 cm, Nordico Stadtmuseum Linz, Inv.-Nr. O 66

Wilhelmsburger Porzellan, ***Vase „Gosausee, Dachstein"***,
Porzellan, DM 4,5 cm, H 15,8 cm, Nordico Stadtmuseum Linz,
Inv.-Nr. O 397

Unbekannt, ***Souvenir-Vase „Bad Mühllacken"***,
Porzellan, DM 6 cm, H 13 cm, Nordico Stadtmuseum Linz,
Inv.-Nr. O 1087

Linzer Keramik, ***Kachel „Gmunden"***,
Keramik bemalt, 22 × 22 cm, Nordico Stadtmuseum Linz, Inv.-Nr. O 1149

Unbekannt, ***Panoramabild „Bad Ischl“***, um 1900,
Ansichtskarte, handkoloriert mit Perlmutt-Applikationen, gerahmt, 13 × 31 cm, Privatbesitz

Wilhelmsburger Porzellan, ***Andenken-Krügerl „Haslach an der Mühl“***,
Porzellan, DM 5,5 cm, H 6,6 cm,
Nordico Stadtmuseum Linz, Inv.-Nr. O 739

Unbekannt, ***Souvenir-Glas „Sommerfrische St. Veit im Mühlkreis/O.Ö.“***,
Glas bedruckt, DM 5,5 cm, H 8 cm,
Nordico Stadtmuseum Linz, Inv.-Nr. O 1086

Unbekannt, ***Andenken-Häferl „Gruß aus Ottensheim“***,
Porzellan, DM 8 cm, H 10,5 cm, Nordico Stadtmuseum Linz,
Inv.-Nr. O 1157

Unbekannt, ***Weihwasserkessel „Waxenberg“***,
Porzellan, 17 × 10 cm, Nordico Stadtmuseum Linz, Inv.-Nr. O 67

Unbekannt, ***Anstecknadel mit Gemse „St. Wolfgang“***,
Metall, Email, 4 × 3 cm, Nordico Stadtmuseum Linz,
Inv.-Nr. O 399

Unbekannt, *Becher „Kammer am Attersee“*,
Porzellan, DM unten 5,1 cm, oben 7,2 cm, H 10,5 cm,
Nordico Stadtmuseum Linz, Inv.-Nr. O 562

Unbekannt, *Vase „Traunkirchen“*,
Porzellan, DM 45 cm, H 15,9 cm, Nordico Stadtmuseum Linz,
Inv.-Nr. O 398

Wilhelmsburger Porzellan, *Sammeltasse „Hellmonsödt“*, um 1960,
Porzellan, Tasse DM 10 cm, H 6 cm, Teller DM 15,3 cm, H 2,5 cm,
Nordico Stadtmuseum Linz, Inv.-Nr. O 798

Unbekannt, ***Schwan „Bad Ischl“***, um 1970,
Keramik, L 12 cm, B 6 cm, H 9,3 cm, Nordico Stadtmuseum Linz,
Inv.-Nr. O 989

Kartografische Anstalt Wien, ***Touristen-Wanderkarte Freytag und Berndt, „Blatt 26 Mühlviertel“***, um 1930,
21,5 × 12,5 cm, Alpenverein Linz

Bundesamt für Eich- und Vermessungswesen, Wien, ***Wanderkarte „Blatt 15, Bad Leonfelden“***, 1968,
17 × 12 cm, Alpenverein Linz

Bundesamt für Eich- und Vermessungswesen, Wien, ***Wanderkarte „Blatt 65, Mondsee“***, 1968,
17 × 12 cm, Alpenverein Linz

Kartografische Anstalt Wien, ***Touristen-Wanderkarte Freytag und Berndt, „Blatt 9 Westliches Salzkammergut“***, um 1930,
21,5 × 12,5 cm, Alpenverein Linz

26
1 : 100.000
Freytag & Berndt
Touristenkarten
Blatt
26 Mühlviertel
Kartographische Anstalt
G. Freytag & Berndt A. G. Wien 7.

WANDERKARTE
ÖSTERREICHISCHE KARTE 1:50.000
IN MEHRFARBENDRUCK
MIT WEGMARKIERUNGEN
15
BAD LEONFELDEN
Herausgegeben vom Bundesamt für Eich- u. Vermessungswesen
(Landesaufnahme) in Wien

WANDERKARTE
ÖSTERREICHISCHE KARTE 1:50.000
IN MEHRFARBENDRUCK
MIT WEGMARKIERUNGEN
65
MONDSEE
Herausgegeben vom Bundesamt für Eich- u. Vermessungswesen
(Landesaufnahme) in Wien

9
1:100.000
Freytag = Berndt
Touristenkarten
Blatt
9
Westliches
Salzkammergut
KARTOGR. ANST. FREYTAG-BERNDT u. ARTARIA, WIEN

Ludwig Haase, *Öster. Touristen-Klub*, ***„Panorama vom Pöstlingberg und Umgebungskarte der Sektion Linz des Österr. Touristen-Klub"***, um 1900,
20,5 × 10,5 cm geschlossen, 40,5 × 62 cm offen, Alpenverein Linz

SCHARTEN
REICHENSTEIN
ST. FLORIAN
PRIEL-SCHUTZHAUS DER SEKTION LINZ. 1512 m
RUNGSKARTEN DER SEKTION LINZ DES Ö.T.C. vom Prielgebirte und der Umgebung von Linz.
MÜHLLAKEN
RCHSCHLAG
entworfen u. ausgeführt v. L. Haase. Linz.

Ernst Stürmer, Rot-Weiss-Werbung, ***„Hochland Mühlviertel"***, um 1955, Plakat, 85 × 58 cm, ÖNB Bildarchiv, PLA 16306523

„Der Attersee, Salzkammergut. Oberösterreich", um 1960, OÖLA, Plakatsammlung, Signatur 1966

Herta Neiß

Landlust der Städter*innen – das Phänomen Sommerfrische

Österreich ist zweifelsohne ein Tourismusland par excellence, in dem sich Urlauber*innen wohl und willkommen fühlen. Das kulturelle Angebot sucht seinesgleichen, Sport, ob Sommer oder Winter, ist vielerorts möglich. Die österreichische Küche ist für ihre Qualität weithin bekannt, gelebte Bräuche laden zur Teilhabe ein und Kur- und Badeaufenthalte bieten Regeneration. Einheimische sind gerne Gastgeber*innen, solange das Gästeaufkommen ein gewisses Maß nicht übersteigt und letztlich stellt der Tourismussektor einen nicht unwesentlichen volkswirtschaftlichen Faktor dar. Die Tourismusbranche versucht immer neue Gästeschichten anzusprechen und innovative Angebote zu entwickeln. Dabei greift sie auch auf bewährte Formate zurück, wie aktuell die Sommerfrische, und interpretiert sie neu.

Diesem Phänomen wollen wir im Folgenden näher auf die Spur gehen und dabei die so sehr gegensätzlichen Regionen, das Salzkammergut und das Mühlviertel näher beleuchten.

Der Begriff „Sommerfrische" taucht erstmals in einer Bozener Chronik aus dem 17. Jahrhundert auf und bezog sich auf die bürgerliche Gewohnheit, in unmittelbarer ländlicher Umgebung kurzfristig Erholung zu suchen.[1] Das deutsche Wörterbuch der Brüder Grimm definiert sie als „Erholungsaufenthalt der Städter auf dem Lande zur Sommerzeit"[2]. Sie war ein internationales Phänomen, das sich sowohl in Österreich, Deutschland und Frankreich als auch Italien manifestierte und beträchtliche Veränderungen mit sich brachte. Einheimische und Gäste unterschiedlicher sozialer Schichten trafen aufeinander. Verschönerungs- und Fremdenverkehrsvereine schufen eine adäquate Infrastruktur. Wanderwege und Aussichtswarten, Badeanstalten, Uferpromenaden, Kurparks und Musikpavillons wurden errichtet, Kaffeehäuser, Theaterbauten, Kioske und Tennisplätze geschaffen und eine eigene Sommerfrische-Architektur mit Villen und Landhäusern veränderte die Ortsbilder.[3]

Es lässt sich eine großbürgerliche in der eigenen oder angemieteten Villa und eine kleinbürgerliche Sommerfrische in einfachen, meist bäuerlichen Unterkünften unterscheiden, die ihren Aufschwung in der Mitte des 19. Jahrhunderts fand.[4] Die Gastgeber*innen selbst gingen dabei meistens einem anderen Hauptberuf nach. Sie besserten sich durch die Vermietung ihr

1 Hachtmann, Rüdiger: *Tourismusgeschichte*. Göttingen 2007, S. 93.

2 *Deutsches Wörterbuch der Brüder Grimm*, Bd. 16, 1905, S. 1526 f.

3 Payer, Peter: Sommerfrische. Ein bürgerliches Ritual als Sehnsucht nach antiurbanen Sinnesreizen, in: Opll, Ferdinand und Scheutz, Martin (Hrsg.): *Fernweh und Stadt. Tourismus als städtisches Phänomen*, Innsbruck/Wien/Bozen o. J., S. 81–83.

4 Hachtmann 2007, S. 94.

Einkommen auf. Typisch für die Sommerfrischler*innen war ihre mitunter jahrzehntelange Treue, jedes Jahr an denselben Ort zur selben Gastgeberfamilie zurückzukehren, wobei ein familiärer Anschluss an die Vermieter*innen nicht zwingend war.[5]

Damit machte die Sommerfrische den Urlaub für die mittelständische Bevölkerungsschicht zur alljährlichen Gewohnheit, die die ganze Familie, einschließlich auch der Kinder miteinbezog, wenn auch die Väter meist nur an den Wochenenden nachreisten. Typisch für die Sommerfrischler*innen war auch ein starker Bezug zur Natur, ohne sportlich aktiv zu werden. Man suchte Gemütlichkeit und ländliches Idyll. In den mondänen Kurbädern bot man im Gegensatz aufwendige und vor allem kostspielige Vergnügungen an.[6] Die Aufenthaltsdauer war lang, meist den ganzen Sommer über. Sie reichte von einem bis zu drei Monaten. Wichtig war auch gutes Essen, ob zuhause oder im Hotel, danach hielten die Älteren Mittagsruhe und die Jungen wechselten ins Grüne, nahmen Kaffee ein. Auch Spaziergänge waren beliebt, Bootsfahrten und Kaffeehausbesuche. Sonnenschirme schützten die modische Blässe. Abends ging es ins Theater oder zum Kurkonzert. Gäste waren allerorts im privaten Umfeld willkommen, sofern sie nachts in ihr Hotel zurückgingen.[7]

Die Sommerfrischeorte kehrten ihre Vorzüge deutlich hervor, so waren in Ischl die Häuser direkt an der Traun aufgrund des in der Luft liegenden Salzgeruchs besonders beliebt. Die jodangereicherte Luft wurde als „Ischler Luft" sogar in Flaschen abgefüllt und verschickt.[8]

Letztlich sind frühe Formen des Reisens seit dem Mittelalter bekannt. Pilger*innen, Kaufleute und auch Diplomaten verfolgten dabei jedoch das Ziel, möglichst rasch an ihre angestrebten Zielorte zu kommen und nur vereinzelt war man an Sehenswürdigkeiten, Kunst und Natur oder Erholung interessiert. Nur ein kleiner, meist begüterter Kreis an Personen ging auf Bildungsreisen und adelige Kavalierstouren. Mit den sich im ausgehenden 18. Jahrhundert rasch entwickelnden Kur- und Badeaufenthalten änderte sich das.[9]

Landpartien, ob zu Fuß, in Folge mit dem gemieteten Wagen oder der Eisenbahn und später mit dem Fahrrad wurden zur großen Errungenschaft des 19. Jahrhunderts. Sonntags einen Ausflug zu machen, war nicht zuletzt auch wegen der Einführung der Verzehrsteuer 1829, die das Leben außerhalb der Stadt deutlich günstiger machte, beliebt. Die Landschaften wurden entdeckt, der südliche Wienerwald, Schneeberg und Rax und auch das Salzkammergut. 1862 erfolgte die Gründung des *Alpenvereins* und 1895 die der *Naturfreunde*, die ein „proletarisches" Wandern propagierten.[10]

---

5 Ebd., S. 94.

6 Ebd., S. 94–97.

7 Haas, Hanns: Die Sommerfrische – Ort der Bürgerlichkeit, in: Stekl, Hannes et al. (Hrsg.): *„Durch Arbeit, Besitz, Wissen und Gerechtigkeit". Bürgertum in der Habsburgermonarchie II*, Wien/Köln/Weimar 1992, S. 369.

8 Schönthan, Gaby von et al.: *Konditorei Zauner Bad Ischl und das Salzkammergut. Eine kleine Kulturgeschichte*, München 1982, S. 13.

9 Sandgruber, Roman: *Ökonomie und Politik. Österreichische Wirtschaftsgeschichte vom Mittelalter bis zur Gegenwart*, Wien 1995, S. 283.

10 Ebd., S. 284.

Unbekannt, ***Das Hotel Austria an der Esplanade***, Ansichtskarte, Museum der Stadt Bad Ischl

Die durch die Sommerfrische touristisch erschlossenen Räume wurden mit dem Ausbau des Eisenbahnnetzes beträchtlich erweitert. Noch Anfang des 19. Jahrhunderts dauerte eine Fahrt mit der Postkutsche von Wien nach Ischl dreieinhalb Tage. Ab 1826 kürzte ein Eilwagen diese ab und mit der Verlängerung der Pferdeeisenbahn bis Gmunden war die Anreise nochmals schneller. 1838 brachte die erste Eisenbahn vom Wiener Nordbahnhof aus 218 Gäste in das 40 Minuten entfernte Deutsch-Wagram. 1841 erfolgte die Eröffnung der Südbahn und schließlich erhielt auch Ischl 1877 einen Bahnhof. Die Pferdeeisenbahn wurde 1827 schrittweise auf der Strecke Gmunden–Linz–Budweis in Betrieb genommen. Sie diente ursprünglich dem Transport des Salzes von Oberösterreich nach Böhmen. 1855 auf Dampfbetrieb umgestellt, wurde sie durch die Bahnstrecke mit einer Trassenführung zwischen Linz und Budweis 1873 ersetzt.[11] Ab 1839 verkehrte das erste Dampfschiff auf dem Traunsee und ab 1872 auf dem Mondsee.[12]

Der Adel entdeckt das Salzkammergut

Bis ins frühe 19. Jahrhundert beschränkten sich im Salzkammergut die Kontakte mit der Außenwelt auf den Salzhandel und noch bis um 1800 benötigte man für die streng hermetisch abgeriegelte Region aufgrund der schützenswerten Salzproduktion einen Pass, der in Ischl in den 1820er-Jahren abgeschafft wurde. Naturwissenschafter und Bildungsreisende zählten zu den ersten Gästen, die das Salzkammergut im 18. Jahrhundert besuchten, wie etwa ab 1790 Alexander und Wilhelm von Humboldt. Daneben entdeckten Maler die Region und als der Salinenarzt Josef Götz erkannte, dass die in den Salzbergen gewonnene Sole eine ebensolche heilende Wirkung auf erkrankte Salinenarbeiter hatte wie die Bade- und Trinkkuren der Seebäder, war dies die Geburtsstunde der Kur. Nach einem Aufenthalt des Wiener Prominenten-Arztes Franz de Paula Wirer in Ischl kamen 1822 bereits die ersten 40 Kurgäste, eine Badeanstalt wurde gebaut, um deren Organisation sich Wirer selbst kümmerte. Auf seine Anregung hin ließ sich auch der aus Wien stammende israelitische Badearzt Joseph Pollak in Ischl nieder, der in Folge Mitglied der Kurkommission wurde.[13] Als 1824 erstmals Staatskanzler Klemens Wenzel Lothar von Metternich und Erzherzog Rudolf, der Bruder des Kaisers, anreisten und 1827 schließlich der kinderlose Neffe des Kaisers, Franz Karl, mit seiner Frau in Ischl urlaubte und sich bald darauf Kindersegen einstellte, zeigte sich „die Welt" von der außerordentlichen Heilkraft der Ischler

Unbekannt, ***Verlobungsbild Kaiser Franz Joseph mit Elisabeth, Herzogin in Bayern, 1853 in Ischl***,
Öl auf Leinwand, 74 × 99 cm, Museum der Stadt Bad Ischl

---

11 Brusatti, Alois: *100 Jahre österreichischer Fremdenverkehr. Historische Entwicklung 1884–1984*, Wien 1984, S. 23.

12 Schumacher, Martin und Sandgruber, Roman: Die kleine Tourismusgeschichte des Salzkammergutes, in: *Salzkammergut*. OÖ. Landesausstellung 2008, Ausstellungskatalog Linz 2008, S. 90.

13 Wagner, Verena: *Eine jüdische Gemeinde in Bad Ischl*, OÖ. Landesarchiv (Hrsg.), Linz 2023, S. 14.

Sole- und Dampfbäder überzeugt. Der krisengeschüttelte Industrieort war auf dem Weg zum Luxuskurort und sah sich bald konfrontiert mit einer großen Anzahl an Kurgästen, denn es gehörte beim Adel und dem gehobenen Bürgertum binnen Kurzem zum guten Ton, seinen Sommer in Ischl zu verbringen. Dies zog auch Jüdinnen und Juden an, die im Kaiser und der Habsburgermonarchie einen „Schutzpatron" ihrer Rechte und einen Gegner des Antisemitismus sahen.[14]

Der mittlere und niedere Adel bevorzugte Goisern, Aussee, den Wolfgang- und Attersee oder auch den Mondsee. Seinen Aufschwung erlebte der Attersee erst Ende des 19. Jahrhunderts, als vermehrt Dichter, Wissenschafter, Komponisten und Maler*innen ihren Sommersitz dorthin verlegten.[15]

Das große Gästeaufkommen erforderte Investitionen in die Infrastruktur. Die bürgerliche Ischler Oberschicht orientierte sich an ihren Wiener Gästen und für Teile der Bevölkerung verbesserten sich die Einkommensverhältnisse in den Sommermonaten. Zahlreiche neue Dienstleistungen entstanden, darunter etwa Sesselträger und Bergführer. Die Andenkenindustrie und ein vielfältiges Luxusgewerbe blühten. Prospekte machten auf Gaumenfreuden, Wanderwege, Theater und Konzerte, Sportmöglichkeiten und Ausflugsgelegenheiten, Kurpromenaden, Spielbanken und vieles mehr aufmerksam.[16] So verfügte Ischl 1908 über nicht weniger als 15 Hotels, 22 Kaffeehäuser, 70 Gastwirtschaften und 72 Fiaker.[17]

Kaiser Franz Joseph hielt sich Zeit seines Lebens regelmäßig in Ischl auf und vermisste es, nicht dort zu sein. „Doch trotz allen diesen Herrlichkeiten sehne ich mich ungeheuer nach Ihnen allen und dem lieben Ischl"[18], schrieb er 15-jährig von einer Italienreise an seine Mutter.[19] Jedes Jahr war sein Aufenthalt in Ischl geprägt von Ausflügen, Wanderungen und Jagden. Franz Joseph bevorzugte die Jagdgebiete um den Traunstein, die Hohe Schrott, das Höllengebirge, das Gebiet um den Offensee, die Langbathseen, das Zimnitz- und Rettenbachgebiet, wo er teilweise auch

Unbekannt, ***Erinnerung Trinkhalle***, 1922,
Ansichtskarte, Museum der Stadt Bad Ischl

Unbekannt, ***Hotel Bauer in Ischl***, um 1900,
Fotografie, Museum der Stadt Bad Ischl

Unbekannt, ***Bad Ischl Brennerstraße/Bauerstraße***, um 1900,
Ansichtskarte, Museum der Stadt Bad Ischl

14 Ebd., S. 13.

15 Ebd., S. 89 f.

16 Sandgruber 1995 (s. Anm. 9), S. 287.

17 Adreßbuch und Häuserverzeichnis nebst Handels- und Gewerbe-Anzeiger von Bad Ischl (Salzkammergut), Bad Ischl 1908, S. 36–45.

18 Schnürer, Franz (Hrsg.): *Briefe Kaiser Franz Josephs I. an seine Mutter 1838–1872*, München 1930, S. 52–58.

19 Butz, Ursula: *Habsburg als Tourismusmagnet. Monarchie und Fremdenverkehr in den Ostalpen 1820–1910*, Wien/Köln/Weimar 2021, S. 33.

Unbekannt, *Bad Ischl, Kaiser Franz Joseph I. vor der Kaiservilla, „Sommer 1913“*, Ansichtskarte, Nordico Stadtmuseum Linz, Inv.-Nr. NWT-006204

Jagdhäuser besaß.[20] 1853 verlobte er sich in Ischl mit seiner Cousine Elisabeth, Herzogin in Bayern, und ließ für sie 1854 die *Villa Eltz* zur *Kaiservilla* umbauen. Hier empfing er über Jahrzehnte Monarchen aus zahlreichen europäischen Ländern, dies begründete den Weltruhm Ischls endgültig.[21] Unter den Gästen war 1897 der König von Siam, Chulalongkorn der Große, der als Dank Johann Strauß und den Hoteldirektor Felix Hauptmann für ihre Dienste mit dem Elefantenorden auszeichnete. Dieser ist noch heute im Museum der Stadt Bad Ischl zu bewundern.[22] Auch Sisi, die umtriebig reisende Kaiserin, war viel in Ischl und liebte es, ausgedehnte Wanderungen in die nähere Umgebung zu unternehmen.[23]

Der Adel vertrieb sich Jahr für Jahr die Zeit auf Sommerfrische und frönte das ganze Jahr über dem Müßiggang. Pointiert fasste dies 1878 ein anonym erschienener und Kronprinz Rudolf zugeschriebener Mahnruf zusammen:

„Im Frühjahr ziehen die verehelichten Aristokraten nach dem letzten Pferderennen, zumeist Ende Mai, auf das Land hinaus, um den Beginn der Saison mit etwas Jagen, Reiten und Besuchen bei Nachbarn zu verbringen. Dies dauert bis in den Hochsommer, wo ein nicht geringer Theil derselben Reisen in die Schweiz, in die Seebäder, oder auch in österreichischen Hochländern unternimmt, wo sie unter grösster Langweile das Ende des Sommers abwarten. Kurz vor Anbruch des Herbstes beginnen endlich die Jagden [...]. Inzwischen besuchen die Damen ihre Eltern und sonstigen Verwandten am Lande, wo sie ihre Zeit mit Plänen für die im nächsten Winter bevorstehenden Bälle und sonstigen Feste vornehmen. [...] Nach Weihnachten wird die Reise nach Wien angetreten und es beginnt nunmehr der bedeutungsvollste Jahresabschnitt. [...] Bälle, Soiréen, [...] Theater, Reiten, Prater-Fahrten, Schlittschuhlaufen [...].“[24]

Mit dem Ende der Monarchie kam der Fremdenverkehr vorerst zum Erliegen, denn den Adel und die High Society gab es in dieser Form nicht mehr. Die sich wirtschaftlich verändernden Gegebenheiten bewirkten eine Internationalisierungswelle und die Inflation ermöglichte ausländischen Gästen einen kostengünstigen Aufenthalt. Viele der alten Villenbesitzer*innen verkauften und anstatt des Hofes dominierten die Operette und die Künstler*innen, die bereits bisher Ischl bevölkert hatten. Sie kauften oder mieteten sich ein wie etwa Franz Lehár und Emmerich Kálmán und ihre Bewunderer kreisten um die Meister,

20 Ebd., S. 34.

21 Schumacher 2008, S. 89.

22 Sachslehner, Johannes: *Bad Ischl. K. u. k. Sehnsuchtsort im Salzkammergut*, Wien/Graz/Klagenfurt 2012, S. 147.

23 Den Ischler Kur- und Fremdenlisten zu entnehmen sind ihre Aufenthalte in den Jahren 1853 bis 1855, 1857 sowie 1865 bis 1898.

24 Von einem Österreicher: Der Oesterreichische Adel und sein constitutioneller Beruf. Mahnruf an die aristokratische Jugend, München 1878, in: Hamann, Brigitte: *Kronprinz Rudolf. Majestät, ich warne Sie ... Geheime und private Schriften*, Wien/München 1979, S. 32 f.

wie einst um den Adel. Das jüdische Publikum nahm zu. Man war ihm gegenüber vordergründig freundlich und dabei letztlich doch mitunter antisemitisch, dies zeigte sich in der Folge. Auch war schon in der Habsburgermonarchie der Sommerfrischen-Antisemitismus ein Thema und nach 1918 kaum noch erfolgreich abzuwehren. Die jüdische Wochenzeitung *Die Wahrheit* etwa veröffentlichte als Warnung Listen von Orten, wo Jüdinnen und Juden nicht willkommen waren, beziehungsweise an sie nicht vermietet wurde.[25] Auch die Art und Weise wie jüdischer Besitz arisiert wurde, stellt im Salzkammergut und Bad Ischl einen Sonderfall dar. Man setzte mit Wilhelm Haenel einen eigenen Arisierungs- und Entjudungsbeauftragten ein. Eine Reihe von Villenbesitzer*innen, die hofften durch die Abgabe ihres Eigentums der Verfolgung zu entkommen, fanden den Tod im Holocaust. Nach dem Zweiten Weltkrieg sollte es ein mühevolles Unterfangen werden, das rechtmäßige Eigentum zurückzubekommen.[26]

Aufschwung durch den Fremdenverkehr

Das Salzkammergut erfuhr durch den Fremdenverkehr in der zweiten Hälfte des 19. Jahrhunderts einen beträchtlichen Aufschwung. Darüber Aufschluss geben die in den Gemeinden geführten Fremdenlisten, in denen pro Gast Anreisetag und Name, der „Stand", die Mitreisenden einschließlich Dienerschaft und die Unterkunftgeber*innen angeführt wurden. So reiste beispielsweise am 8. Mai 1839, dem Saisonstart, in Ischl der Student Julius Ritter von Mannazetta aus Wien an und wohnte beim Apotheker Krupitz. Wie lange er blieb, ist nicht verzeichnet. Bis zum 12. September, dem letzten Eintrag in der Fremdenliste, waren gesamt 1 279 Personen nach Ischl angereist, davon 632 „Herrschaften" und 647 „Dienerschaften".[27] Die Zahlen stiegen kontinuierlich. 1892 waren es bereits 16 280 Gäste und 1911 über 25 000 Urlauber*innen, was mehr als das Doppelte der Einwohner*innen ausmachte.[28] Ab 1875 erhob man die Kurgäste landesweit und ab 1890 das gesamte Fremdenverkehrsaufkommen[29] der Österreichisch-Ungarischen Monarchie. Eine Erhebung, die bis heute die Statistik Austria weiterführt.[30]

Unbekannt, ***Trinkhalle Bad Ischl***, Ansichtskarte, Museum der Stadt Bad Ischl

Mit dem Fokus auf Erholung verbindet sich die Sommerfrische mit der Kur, die vielerorts zeitgleich in Erscheinung trat. Badeorte nahmen einen Aufschwung, ob Baden bei Wien, Gastein, die böhmischen Bäder Karlsbad, Franzensbad und Marienbad als auch die steirischen und oberösterreichischen Orte Gleichenberg, Toblbad, Aussee, Bad Hall, Bad

25 Vgl. dazu: *Die Wahrheit. Oesterreichische Wochenzeitung für jüdische Interessen*, Wien 1927.

26 Arnbom, Marie-Theres: *Die Villen von Bad Ischl. Wenn Häuser Geschichten erzählen*, Wien 2017, S. 13–15.

27 Ischler Heimatverein: Fremdenliste Ischl 1839.

28 Feichtinger, Karin: *„Bad Ischl lebt und stirbt mit dem Fremdenverkehr." Die Entwicklung des Fremdenverkehrs in Bad Ischl unter besonderer Berücksichtigung der Zwischenkriegszeit*, Diplomarbeit Salzburg 1992, S. 40 f.

29 Die Kurgäste wurden erst ab dem Jahr 1924 in die Fremdenverkehrsstatistik miteinbezogen.

30 Biffl, Anna: *Der Fremdenverkehr in Österreich von 1875 bis 1985*, unveröffentlichtes Manuskript, Wien 1987, S. 9.

Ischl.[31] „Karlsbad und Bad Ischl wurden vom Publikum nicht unbedingt ihrer heilkräftigen Quellen wegen aufgesucht und galten nicht als Kurorte, sondern als besonders attraktive Sommerfrischen."[32]

Im Jahr 1880 gab es in den österreichischen Ländern bereits 214 Kurorte mit einem Gästeaufkommen von 166 160 Personen,[33] darunter neun Kurorte in Oberösterreich, betreut von 29 Ärzten. 83 Prozent der Kurgäste blieben dabei länger als sechs Tage und die größte Dichte mit 84 Kurorten verzeichnete Tirol, die meisten Gäste mit 26 450 Kurenden Karlsbad.[34] In bescheidenem Ausmaß waren auch Kurbäder im Mühlviertel vertreten.

Unbekannt, ***Konzertsängergesellschaft Auer Wastl in Ischl***,
Ansichtskarte, Museum der Stadt Bad Ischl

Unbekannt, ***Kaiser Franz Josef-Warte am Siriuskogl***,
Ansichtskarte, Museum der Stadt Bad Ischl

Bezirk	Gemeinde	Kurort	1880	1913
Braunau	Mattighofen	Mattigbad	206	12
Freistadt	Hirschbach	Grünbrunn	39	20
	St. Oswald	Maria Bründl	235	48
Gmunden	Gmunden	Gmunden	1 577	17 467
	Ischl	Ischl	6 431	24 042
	Altmünster	Altmünster		2 289
	Ebensee	Ebensee		2 108
	Goisern	Goisern		3 536
	Hallstatt	Hallstatt		3 830
	St. Wolfgang	St. Wolfgang		5 394
	Traunkirchen	Traunkirchen		698
Vöcklabruck	Mondsee	Mondsee		2 738
Linz Umgebung	Feldkirchen	Mühllacken	83	270
	Hellmonsödt	Kirchschlag	97	186
	Leonfelden	Franzensbad		134
Perg	Kreuzen	Kreuzen	552	219
Steyr Umgebung	Hall	Hall	2 142	5 158
Gesamt			11 362	68 149

Tabelle 1: ***Oberösterreichische Kurgäste 1880 und 1913***[35]

31 Sandgruber 1995 (s. Anm. 9), S. 284.

32 Torberg, Friedrich: *Die Tante Jolesch oder der Untergang des Abendlandes in Anekdoten*, 12. Aufl., Wien/München 1975, S. 66.

33 220 Kurorte mit 150 496 im Jahr 1878 und 161 536 Gäste im Jahr 1879. K. k. statistische Central-Commission (Hrsg.): *Oesterreichische Statistik*, III. Band, 1. Heft, Wien 1883, Seite XIV.

34 Ebd., S. 104.

35 K. k. statistische Central-Commission (Hrsg.): Oesterreichische Statistik, 14. Band, 2. Heft, Wien 1917, S. 104–115.

Bis ins Jahr 1913 waren die Kurgäste in Oberösterreich auf das Sechsfache angestiegen. Landesweit sank die Anzahl der Anstalten, das Gästeaufkommen stieg jedoch kontinuierlich an, von rund 151 000 im Jahr 1875 auf 568 000 im Jahr 1913. Das Interesse an Kur und Erholung blieb ungebrochen.[36]

Dabei war die Bettenauslastung gering. Sie lag in den 1920er-Jahren im Durchschnitt bei 15 Prozent, eine Folge der Saisonalität, erhöhte sich nach dem Zweiten Weltkrieg in den Sommersaisonen auf bis zu 40 Prozent, aber blieb im Winter bei geringen 11–15 Prozent.[37] Das Gästeaufkommen entwickelte sich in Oberösterreich auch in Friedenszeiten weiterhin kontinuierlich:

Jahr	Anzahl an Gästen
1913	203 192
1923	236 000
1933	404 400
1947/48	360 820
1959	760 287

Tabelle 2: ***Gästeaufkommen Oberösterreich***[38]

„Sommer in Oberösterreich“, 1949, OÖLA, Plakatsammlung, Signatur 13140

Erstmals im Jahr 1969 stieg die Zahl auf über 1 Million und 1985 waren es bereits 1 512 927. Nach den Covid-19-Krisenjahren stiegen die Zahlen wieder deutlich an, sodass im Jahr 2021/22 an die 2 663 092 Gäste in Oberösterreich urlaubten.[39]

Die Sommerfrische des Mühlviertels

Die Naturschönheiten des Granitlandes und vor allem die romantischen Flusstäler, zu beiden Seiten die hochaufgetürmten Felsblöcke, dazwischen die immergrünen Nadelwälder, mit ihrer buckeligen Gestalt. So schwärmte Engelbert Grinzinger, Lehrer in Niederkappel, 1913 von den Schönheiten des Mühlviertels.[40]

Dem Baedeker-Reiseführer *Österreich ohne Tirol* ist 1931 über das Mühlviertel nur ein sehr kurzer Eintrag zu entnehmen. „Das Mühlviertel, nach dem Flüßchen Mühl benannt, ist das von der Donau zum Böhmerwald ansteigende Granitplateau in das enge bewaldete Täler eingeschnitten sind und auf dessen Hochfläche Waldungen mit Äckern, Wiesen und vor allem

36 Biffl 1987, S. 6.

37 Ebd., S. 62.

38 Ebd., S. 100–112.

39 Ebd., S. 183–188. https://www.land-oberoesterreich.gv.at/202588.htm, zuletzt aufgerufen am: 30.11.2023.

40 Grinzinger, Engelbert: Unser Mühlviertel, in: *Beiträge zur Landes- und Volkskunde des Mühlviertels*, dritter Band, Rohrbach 1913, S. 98.

große Einzelhöfe verstreut liegen."[41] Zur Bereisung empfohlen wird die Bahn oder der Bus beziehungsweise das eigene Automobil, die Besichtigung von Kefermarkt mit dem gotischen Flügelaltar, Freistadt mit seiner „wohlerhaltenen" mittelalterlichen Befestigung, das Chorherrenstift Schlägl mit seiner frühgotischen Stiftskirche, der Plöckenstein und schließlich noch Leonfelden.[42]

Mit dem Salzkammergut hat es so gar nichts gemein, weder landschaftlich und auch nicht in Bezug auf seine Gäste, die weder einem adeligen noch einem großbürgerlichen Umfeld zuzurechnen waren. Zudem wurde das Mühlviertel viel weniger bereist und entwickelte sich touristisch erst entsprechend nach dem Zweiten Weltkrieg – und da vor allem nach dem Fall des Eisernen Vorhangs. Nichtsdestoweniger gab und gibt es die Sommerfrischler*innen, die vor allem wegen der kostengünstigen Möglichkeit, Urlaub zu machen ab Mitte der 1950er-Jahre, nachdem die russische Besatzungsmacht abgezogen war, ins Mühlviertel reisten und aufgrund des besonderen landschaftlichen Charmes immer wieder kamen und vielfach einen Zweitwohnsitz einrichteten.

Badehäuser und Kuranstalten waren nicht nur im Salzkammergut, sondern auch im Mühlviertel beliebt, jedoch bei einem viel geringeren Ausmaß an Gästen. In Leonfelden findet sich die erste Nennung einer Badestube bereits im 15. Jahrhundert. Man versprach sich Heilung aufgrund eines tief verwurzelten Glaubens. Und so stiegen über die Jahrhunderte hinweg die Beliebtheit und damit die Besucherzahlen, sodass 1836 ein neues Badehaus samt Gaststube gebaut wurde. Der Lebzelter Kastner und der Färbermeister Wagner benannten es in Folge in *Franzensbad* um und propagierten Anwendungen mit „braunem Wasser", dem Moor. Auch heute noch werden diese angeboten und erfreuen sich großer Beliebtheit. Mit der Ernennung zum Kurort 1962 und der Errichtung des neuen Kurhotels und weiterer Hotelprojekte in der Region wie dem *Aviva*, dem *Bergergut* und dem *Hotel Guglwald* stiegen die Nächtigungszahlen rasant an.[43]

Verlag Joh. Brunthaler, ***Luft-Kurort Bad Kirchschlag (894 m) bei Linz a.D.***, 1917, Ansichtskarte, Privatbesitz

Auch in Kirchschlag ist seit dem 17. Jahrhundert ein „Bründl" bekannt, das im 18. Jahrhundert um das *Starhembergische Badehaus* erweitert wurde und sich ebenfalls ob seiner Heilkraft großer Beliebtheit erfreute. Alljährlich kam eine große Zahl an Menschen zur Kur und auch noch im 19. Jahrhundert war das *Bründl-Haus* mit einem Badehaus verbunden. Die Bestrebungen, aus Kirchschlag einen Kurort zu machen, scheiterten jedoch.[44] Trotzdem war Kirchschlag vor allem bei den Linzer Bürgerfamilien beliebt. Ab der zweiten Hälfte

41 *Baedekers Österreich ohne Tirol*, 31. Aufl., Leipzig 1931, S. 253.

42 Ebd., S. 253–255,

43 Birngruber, Martina und Frühmann, Norbert: Von der Badestube zum Kur- und Wellness-Resort. Die geschichtliche Entwicklung des Tourismus in Bad Leonfelden, in: *Alte Spuren neue Wege*, OÖ. Landesausstellung 2013, Ausstellungkatalog, Linz 2013, S. 294–296.

44 Pfeffer, Franz: Kirchschlag, in: *Oberösterreichische Heimatblätter*, Jahrgang 15, Heft 4, Linz 1961, S. 225–235.

des 19. Jahrhunderts wurden zahlreiche Landvillen erbaut. Das erste dieser Häuser errichtete 1848 der Baumeister Johann Metz in der Nähe des Badehauses. Eine eigene Villa sollte folgen, die heutige *Stiftervilla*. Der Schriftsteller Adalbert Stifter war in den Jahren 1865 bis 1867 mehrfach zu Kuraufenthalten in Kirchschlag. Die Beliebtheit bezeugen auch die zahlreichen biedermeierlichen Ortsansichten, etwa von Maler und Zeichner Josef Löw. Jene Familien, die hier einen Sommersitz errichteten, zeigten sich der Bevölkerung gegenüber als sehr wohlwollend, wie etwa der Linzer Fabrikant Josef Mayrhofer, Besitzer der Lederfabrik im Haselgraben, der einen neuen Kreuzweg für die St. Anna-Kirche stiftete, eine Volksschule errichtete und den Ausbau des Badehauses förderte. Die stadtnahe Lage von Kirchschlag begünstigte es, dass es zum Ausflugsziel der Linzer*innen wurde und auf dieser Ausflugsroute auch zahlreiche Gastwirtschaften entstanden. Bereits in der Zwischenkriegszeit erreichte der Ausflugstourismus einen Höhepunkt an Wanderern und Skifahrer*innen im Winter. Und auch nach dem Zweiten Weltkrieg riss das Interesse nicht ab, dies belegen die vielen gebauten Wochenendhäuser.[45]

Zu den ersten Wintersportorten im Mühlviertel zählte 1890 der Hochficht. Unter den Einheimischen verbreitete sich der Trend des Skifahrens nicht als sportliche Aktivität, sondern als Verkehrsmittel, um in den nächsten Ort oder in die Schule zu kommen. Die ersten Gäste kamen in den 1920er-Jahren auf den Hochficht und mit dem Bau des Touristenhauses 1926/27 durch das Stift Schlägl folgte ein Aufschwung. Zahlreiche tschechoslowakische Gäste reisten in der Zwischenkriegszeit zum Skifahren auf den Hochficht an. Österreicher*innen waren kaum darunter, da es für sie zu teuer war. Und auch nach dem Zweiten Weltkrieg ging es mit dem Skitourismus nur langsam bergauf, bis 1964 der Ausbau zum Wintersportzentrum erfolgte.[46] Die sowjetische Besatzung hatte einen Aufschwung des Tourismus verhindert. Noch in der Mitte der 1950er-Jahre warb man mit einer besonders günstigen, einer „billigen Sommerfrische"[47]. Der Fall des Eisernen Vorhangs und die Demokratisierung der Tschechoslowakei veränderten die Randlage des Mühlviertels. Heute versucht man die touristischen Attraktivitäten in der Gegend gemeinsam mit Südböhmen zu entwickeln und das Besucher*innenaufkommen zu steigern. Dadurch wächst die über Jahrzehnte hermetisch getrennte Region wieder zusammen.

Das Mühlviertel hat sich heute zu *der* Genussregion Oberösterreichs entwickelt und bietet entschleunigende Urlaubs- und Freizeitaktivitäten an, ob etwa Pilgern, Wandern, Radfahren oder Waldluftbaden.

Abschließend sollen noch eine Sommerfrischlerin und eine Privatzimmervermieterin zu Wort kommen, die über ihre Erfahrungen in den Nachkriegsjahren bis in die 1990er-Jahre berichten:

---

45 Pfeffer, Franz: Kirchschlag, in: *Oberösterreichische Heimatblätter*, Jahrgang 16, Heft 1, Linz 1962, S. 31–38.

46 Ploch, Christine: *Die Entwicklung des Fremdenverkehrs in Oberösterreich seit 1945, unter besonderer Berücksichtigung von Betrieben im Mühlviertel*, Diplomarbeit, Linz 2001, S. 127–128.

47 Maryška, Christian (Hrsg.); Pfunderer, Michaela: *Willkommen in Österreich. Eine sommerliche Reise in Bildern*, Ausstellungskatalog, Wien 2012, S. 8.

Unbekannt, ***In Eidenberg***, 1961,
Fotografie, Privatbesitz

Unbekannt, ***Ulrike Wondraschek in Eidenberg***, o. D.,
Fotografie, Privatbesitz

Als „Landheimer" in Eidenberg

Ulrike Wondraschek[48], geborene Berger, wuchs mit zwei Brüdern in Linz auf, wo ihr Vater Baumeister war. Ihre frühesten Erinnerungen an das Mühlviertel datieren in die Jahre 1942/43, in denen sie mit ihren Eltern und Brüdern als „Landheimer", wie die Städter*innen genannt wurden, in einem Auszugshäusl in Eidenberg eingemietet waren.

Die Anreise erfolgte an den Wochenenden mit dem Bus, dem sogenannten „Postkübl", oder sie fuhren mit einem Transporter hinten auf der offenen Ladefläche mit, wo sie auf wackeligen Bänken saßen. Das letzte Stück gingen sie zu Fuß, was für die kleine Ulli nicht immer so lustig war und sie musste bei Laune gehalten werden. Das Singen war dafür ein probates Mittel. Bei den Heimfahrten wurde auch an der Stadtgrenze zu Linz kontrolliert und zuweilen gehamsterte[49] Ware beschlagnahmt, erinnert sie sich.

Die Wochenenden im Mühlviertel dienten in der kargen Kriegs- und Nachkriegszeit der Nahrungsbeschaffung. Eier, Milch und Speck, die sie bei der Bäuerin bekamen, und die selbst gesammelten Beeren und Pilze bereicherten den Speiseplan. Daneben wurde viel gewandert, was der Vater sehr liebte. In Eidenberg war sie glücklich, auch wenn das Leben dort viel karger war als zu Hause in der Wohnung in Linz. Die Wände waren feucht, der Ofen – unter anderem beheizt mit Föhrenzapfen, die sie den Sommer über sammelten – rauchte lange, bis der Zug funktionierte und in den Betten lagen sie auf Strohsäcken. Das Wasser musste in Kübeln geholt werden und auch die Toilette war ein Provisorium. Um 1946 fand Ulrikes Vater ein Grundstück, auf dem 1949 das eigene Wochenendhaus errichtet wurde. Zeichnungen dazu gab es schon viel früher. Weihnachten 1943 erhielt sie eine Puppenstube, die das Erdgeschoß des neuen Hauses darstellte. Diese besitzt sie heute noch. Nach dem frühen Tod des Vaters 1952 blieb das Haus als Rohbau mit Strohdach stehen, bis ihr Mann Horst es 1961 fertigstellte.

Als Sommerfrischler*innen fühlten sie sich in den 1940er-Jahren nicht und auch der Anschluss an die regionale Bevölkerung war nicht üblich, bis auf die engste Nachbarschaft. Kulturelle Angebote gab es keine, einzig die Feste im Jahreskreis in der Pfarre feierte man mit. Sie vertrieben sich daher die Zeit mit Wandern, Radfahren, im Winter mit Skifahren und von ganz besonderem Interesse waren für Ulrike die Katzen des Bauern, die immer als erste gesucht wurden, wenn sie ankam.

Als besonderes Highlight zählte alljährlich die Wanderung zur Ruine Lobenstein, die man vom Vater geleitet antrat. Direttissima über Stock und Stein, ohne auch nur einen Umweg zu nehmen. „Und Mama murrte und protestierte, weil sie nach einer anstrengenden Woche in Kanzlei und Haushalt nun auch noch diese Strapazen auf sich nehmen musste. Und Papa,

48 Interview mit Ulrike Wondraschek, geboren 1940, 29.11.2023 in Linz, o. S.

49 Das heißt, sich auf dem Land Lebensmittel zu besorgen, die kriegsbedingt in der Stadt nicht mehr zu bekommen waren.

sonst eher geizig, plagte das schlechte Gewissen, sodaß er die Familie sogar auf eine Aufschnittplatte beim Wirt in der Geng einlud." Auch an Radfahrten, vom Vater oder den Brüdern auf der Stange mitgenommen, erinnert sie sich und an die ziemlich kalten Bäder in der Rodl. Allesamt schöne Erinnerungen an eine Zeit mit bescheidenen Freuden im Mühlviertel.[50]

Als Ulrike Wondraschek in den 1960er-Jahren mit ihrem Mann und den eigenen Kindern herrliche Sommer in Eidenberg verbrachte, von denen sie jetzt noch schwärmt, war das dann wirklich als Sommerfrische zu bezeichnen.

„Die Frische vom Land"

Unbekannt, ***Sommergäste Eberhard bei Familie Kaltenberger***, 1978, Polaroid, 11 × 9 cm, Privatbesitz

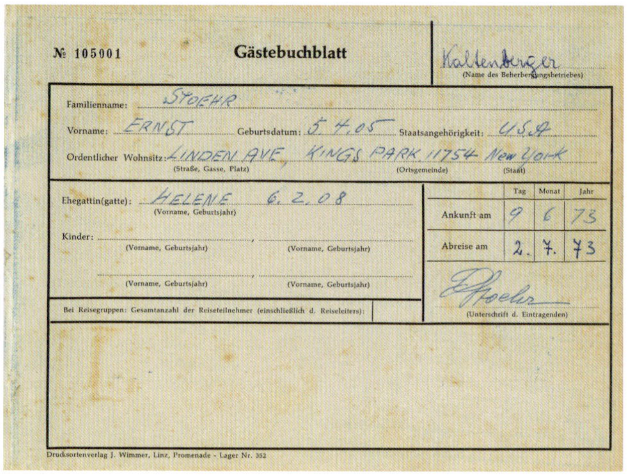

№ 105001 **Gästebuchblatt** Kaltenberger (Name des Beherbergungsbetriebes)

Familienname: STOEHR

Vorname: ERNST Geburtsdatum: 5.4.05 Staatsangehörigkeit: U.S.A

Ordentlicher Wohnsitz: LINDEN AVE, (Straße, Gasse, Platz) KINGS PARK 11754 (Ortsgemeinde) New York (Staat)

Ehegattin(gatte): HELENE 6.2.08 (Vorname, Geburtsjahr)

Kinder: (Vorname, Geburtsjahr), (Vorname, Geburtsjahr)

(Vorname, Geburtsjahr), (Vorname, Geburtsjahr)

Bei Reisegruppen: Gesamtanzahl der Reiseteilnehmer (einschließlich d. Reiseleiters):

	Tag	Monat	Jahr
Ankunft am	9	6	73
Abreise am	2.	7.	73

(Unterschrift d. Eintragenden)

Drucksortenverlag J. Wimmer, Linz, Promenade - Lager Nr. 352

Gästebuchblatt der Vermieter*innen Theresia und Franz Kaltenberger, 1973, Privatbesitz

Theresia Kaltenberger[51] betrieb mit ihrem Mann Franz in Weitersfelden, ca. 20 km von Freistadt entfernt, in den Jahren 1973 bis 1995 neben einer kleinen Landwirtschaft eine Privatzimmervermietung. Zusätzlich arbeitete ihr Mann in Freistadt bei der Straßenmeisterei. Zur Zimmervermietung kam sie, weil der Fremdenverkehrsverband nach Möglichkeiten suchte, in Weitersfelden und Umgebung Urlaub anzubieten, und da es eine gute Gelegenheit war, das Einkommen aufzubessern. Die drei Zimmer (zwei Doppelzimmer und eines mit drei Betten) boten wenig Komfort. Sie waren bescheiden ausgestattet, einzig warmes

50 Wondraschek, Ulrike: Meine Lebenserinnerungen, Manuskript, Linz 2001, S. 49–54.

51 Interview Lisa Hofer mit Theresia Kaltenberger, geboren 1943, 9.12.2023 in Weitersfelden, o. S.

Unbekannt, ***Zu Besuch bei den Feriengästen in Salzburg***, 1992,
Fotografie, 10 × 10 cm, Privatbesitz

Wasser hatte jedes und es gab eine gemeinsame Dusche für alle. „Die Gäste waren ja noch viel bescheidener“, erzählt Theresia Kaltenberger. Sie kamen ins Mühlviertel zur Sommerfrische, weil sie im Sommer „die Frische vom Land“ haben wollten und weil hier alles viel günstiger war als bei ihnen in der Stadt. Was sie anbot, war die Sommerfrische für die einfachen Leute, die Arbeiter*innen, die sich woanders keinen Urlaub hätten leisten können.

Ganz besonders kann sie sich an ihre allerersten Gäste erinnern. Ernst und Helene Stoehr, die am 9. Juni 1973 von New York aus anreisten und einen Monat in Weitersfelden bei ihr urlaubten. Beide sprachen sehr gut Deutsch und waren ursprünglich aus Österreich oder Deutschland. Warum sie ausgewandert waren, darüber wurde nicht gesprochen. Sie erinnert sich aber an Gespräche, die sie mit ihrem Mann Franz über den Zweiten Weltkrieg geführt hatten.

Angeboten wurde Übernachtung mit Frühstück und nur im Ausnahmefall kochte Theresia auch für die Urlauber*innen. Diese kamen vor allem aus Deutschland und Holland, aber es waren auch Einheimische dabei, vor allem aus Wien und Salzburg. Sie blieben zwischen einer und vier Wochen. Meistens reisten sie mit dem eigenen Auto an, manche nahmen auch den Postbus und im Ausnahmefall holte Franz Kaltenberger sie vom Bahnhof in Freistadt ab.

Die Kinder der Urlaubsgäste waren sehr begeistert, da es auf dem Hof ein Schwein, eine Kuh und auch Hühner gab. Die Zeit vertrieben sie sich mit Wandern und mit der Besichtigung der Umgebung. Auch Schwammerlsuchen war sehr beliebt, diese wurden dann auch zubereitet und verkostet. Die meisten Gäste kamen den Sommer über, aber auch im Winter zum Skifahren und immer dann, wenn Ferien waren.

Mit drei alleinstehenden Schwestern aus Salzburg hat sich über die Jahre so etwas wie eine Freundschaft entwickelt, sie waren die Stammgäste, die immer wiederkehrten. Sie liebten es, den ganzen Tag am Hof nur in Kleiderschürzen ihre Ferientage zu genießen und wollten auch abends nicht außer Haus, sondern mit den Gastgeber*innen essen, was Franz Kaltenberger nach anstrengender Arbeit nicht so sehr behagte. Sie luden die Familie Kaltenberger zum Gegenbesuch nach Salzburg ein, wo sie Theresia und ihrer Tochter Erika, ihr Mann war dazu nicht zu überreden, alle Sehenswürdigkeiten zeigten, mit ihnen gut essen gingen und auch zu einer Fiakerfahrt einluden, wovon Theresia heute noch schwärmt, dass dies etwas ganz Besonderes gewesen sei. Erst als die Schwestern verstarben, riss der Kontakt ab.[52]

Oberösterreich – wo die Sommerfrische am schönsten ist

Sommerfrische. Das oberösterreichische Genuss- und Erlebnisfestival. 2023, Copyright Land Oberösterreich

Der Trend zur Entschleunigung, sich selbst Gutes zu tun, bewusst und nachhaltig zu leben und letztlich auch die Möglichkeit, durch Homeoffice Arbeit und Freizeit ortsunabhängig zu verbinden, ließen die Sommerfrische neu aufleben. Ein Phänomen, das sich in den Angeboten der regionalen Tourismusbüros als „Sommerfrische reloaded" wiederfindet und nach wie vor Gäste anzieht, wenn auch nicht für einen ganzen Sommer. „Ankommen, abtauchen und aufleben. Wer sie einmal erlebt hat, will immer wieder etwas davon", ist der Tourismuskampagne für den Sommer 2023 im Salzkammergut zu entnehmen.[53] Und auch das oberösterreichische Genussfest, das jährlich im Juni in Wien stattfindet, stand 2023 im Zeichen der Sommerfrische: „Dort, wo die Sommerfrische am schönsten ist, wissen die Menschen, wie man gut lebt. Dazu gehören echte Genussmomente, regionale Produkte, Zusammensitzen, Lachen, Musizieren und auch einmal schweigend den Sonnenuntergang vom Seeufer mit einem Glas Wein, Most oder Bier in der Hand genießen. [...] Das war schon vor über hundert Jahren so und daran hat sich bis heute nichts geändert."[54]

Letztlich suchen die Sommerfrischler*innen den einmal entdeckten und erprobten Ort immer wieder auf, lernen diesen auf Zeit intensiver kennen und registrieren jede Veränderung und wohlwollend alles Gleichbleibende. Auch daran hat sich bis heute nichts geändert und dazu ermöglicht die Sommerfrische einen Diskurs zwischen Einheimischen und Gästen in allen Facetten, Nuancen und Abhängigkeiten.[55]

52 Ebd., o. S.

53 https://www.salzkammergut.at/sommerfrische.html, zuletzt aufgerufen am: 18.11.2023.

54 https://ooe-sommerfrische.at/, zuletzt aufgerufen am 18.11.2023.

55 Krasny, Elke: Frische und Kühle nehmen, in: Hauenfels, Theresia und Jorda, Thomas: *Wohnen im Sommer. Das Phänomen Sommerfrische*, St. Pölten/Salzburg 2009, S. 12.

Moritz Ablinger/Robert Maybach, ***Sommerfrische – Salzkammergut verbindet***, 2023, Oberösterreich Tourismus

Antonie Schwabenau, *Von meinem Fenster in Ebensee am 9.7.1857*,
Bleistift, 18 × 26 cm, Privatsammlung

Agathe Schwabenau, *Ubi bene ibi patria, Ischl 1879 (wo es mir gut geht, da ist mein Vaterland)*,
Bleistift und Farbstift, 20 × 28,5 cm, Privatsammlung

Agathe Schwabenau, *Hallstatt, den 15. August 1879*,
Aquarell, 20 × 28,5 cm, Privatsammlung

Michaela Nagl

Erste Sommerfrischler*innen.

Die Linzer Familie Schwabenau auf Sommerfrische im Salzkammergut

Die Künstlerin Agathe Schwabenau[1] (1857–1950) berichtet in ihren schriftlichen Erinnerungen von Aufenthalten mit der Familie im Salzkammergut. Als erste Sommergäste in Ebensee am Südufer des Traunsees sowie später in Ischl verbringen sie von den 1850er- bis in die 1880er-Jahre immer wieder längere Sommeraufenthalte in dieser Gegend. Erlebnisse wie die Ankunft des Kaiserpaares am Landungssteg in Ebensee, eine Bergtour auf den Wildenkogel oder den Dachstein vermitteln lebhafte Eindrücke von einer frühen Sommerfrische. In Bad Ischl nimmt Agathe während der Sommermonate über sechs Jahre lang Malunterricht bei Melchior Fritsch. Der Wiener Landschaftsmaler unterrichtet in der Villa des Kunstfreundes August Fölsch. Hier beobachtet sie von ihrem Fenster aus die Kaiserin zu Pferd. Weiters erzählt sie von den Ischler Tragsesseln, auf denen sich vermögende Personen herumtragen ließen, und von einem Ausflug auf den Schafberg.

Im Folgenden werden einige Passagen aus diesen Aufzeichnungen der Künstlerin wiedergegeben. Sie vermitteln ein sehr persönliches Bild der Sommerfrische im Salzkammergut in der zweiten Hälfte des 19. Jahrhunderts. Darüber hinaus hielten sowohl Agathe als auch ihre Mutter Antonie die Besonderheiten dieser Gegend in Zeichnungen und Skizzen fest.

Erste Sommergäste

„[…] Wie hatten sich die Zeiten gewendet. Und gar, wenn ich noch denke, dass wir die ersten Sommergäste für Ebensee waren. Ischl, Hallstatt, Gosau, Aussee, alles schwer erreichbare Orte, wo man in kürzester Frist überall hinsaust und all das erwartungsvolle seltene Erreichen entschwunden ist. Was war das für eine Reise, als wir endlich einmal einer Einladung Binzers[2] folgten und sie in Altaussee in ihrer Villa besuchten. Dichter von Zedlitz' Haus, dem sie befreundet dort nachsiedelten, war das erste dort. Wegen der Entfernung von Ebensee blieben wir einige Tage bei Binzers. Wir fuhren im Wagen über Ischl nach St. Agatha zur

---

1 Agathe Schwabenau lebte von 1862 bis 1903 in Linz. Sie gründete im *OÖKV* 1896 eine Malschule und trug wesentlich zum künstlerischen Leben der Stadt bei. Nach ihrer Trennung von Richard Hofmann (Portland-Cementwerke Kirchdorf, Hofmann & Comp.) studierte sie in München und Dachau Malerei. Sie heiratete 1908 Josef Doposcheg-Uhlar und lebte bis zu ihrem Tod in Partenkirchen. In schriftlichen Erinnerungen hielt sie ab den 1920er-Jahren für ihren Sohn Egon Hofmann ihr Leben fest. Aus diesem Konvolut stammen die vorliegenden Passagen zur Sommerfrische im Salzkammergut. Nagl, Michaela: „Agathe Schwabenau (1857–1950), Malerin", in: *Auftritt der Frauen. Künstlerinnen in Linz 1851–1950*, Nordico Stadtmuseum Linz, Linz 2022, S.101–109.

2 Angeregt durch Adalbert Stifter verließen Binzers ebenso wie Stifter nach der Revolution 1848 Wien. Sie lebten in Linz in unmittelbarer Nachbarschaft zur Familie Schwabenau. Emilie führte einen gut besuchten Salon. Gemeinsam mit dem Dichter Joseph Christian Zedlitz bauten sie 1846 in Altaussee ein Haus.

Agathe Schwabenau, ***Alt Aussee 4. Juli 1885***,
Bleistift, 11 × 16 cm, Privatsammlung

Agathe Schwabenau, ***Rinnbach 4. August 1884***,
Bleistift, 11 × 16 cm, Privatsammlung

Mittagsstation mit fettem gezwiebeltem Rostbraten, der mich fahrend seekrank machte. Dort bekam man Vorspannpferde und erklomm die Pötschenhöhe, hielt mit Jubel oben und legte den Radschuh ein, um ins Ausseer Tal hinab zu fahren […].“[3,4]

Ein Sonntagsspaziergang

„[…] Pensioniert konnte Papa den Sommeraufenthalt mit uns i. Ebensee teilen. Er führte sein separates Leben gleichbleibend weiter, wir vereinten uns zu den Mahlzeiten. Sonntag Nachm. lud er uns alle zu einem gemeinsamen Spaziergang nach dem Steinkogel ein. Eine traute einfache Wirtschaft mit einfachen Gärtchen, in die Erde gerammte Tische u. Bänke, dicker lieber Wirtin, die einen vorzüglichen Café bereitete u. sich erfreut geehrt über unser Erscheinen stets äußerte u. zum Tisch sich stellend frug ob wir wohl genug hätten u. es uns geschmeckt hat. Zum Café gab's Riesenkipfel od. noch größere säuerliche Wecken. Steinkogel liege an d. Ischler Fahrstr. 1 St. Gehzeit von Ebensee, bis Ischl sind es 4. […] Am Steinkogel öffnet sich das Offenseer Tal u. gewährt den freien Blick auf den Wildenkogel. Durch eine Fähre von den Söhnen der Steinkogel Wirtin, wenn sie zugegen waren u. der Wasserstand der Traun passend, betrieben, konnte man aufs rechte Ufer übersetzen. Was wir manchmal taten u. den Heimweg über das besiedelte Gelände antraten. Papa voran wir trotteten hinter ihm drein, nur wenn ein Wassergerinsel den Weg querte, blieb er stehen u. bereitete dem Wasser freie Bahn. Eine Passion die ich an sich teile […].“[5]

Mächtige Kerle

„[…] Prof. Leopold von Schrötter, der in Rindbach am See seinen Besitz schuf und von seiner angestrengten Tätigkeit als hervorragender Laryngologe mit Weltruf mit seiner Familie hier die Ferien verbrachte, ritt des Morgens seinen Araberschimmel an unserem Häuschen vorbei. Mama stand im Gärtchen am Zaun und er sprach sie, wie oft, an. Natürlich kam der schöne Tag zur Sprache und er meinte, jetzt sollte Mama uns auf einen Berg lassen. Ich hörte zu und griff diesen Vorschlag mit Wonne auf, fand auch die Zustimmung von ihr und nun lief ich in den Ort, Tarnóczy[6] und Wally Sonnleithner, Freundin Valeries[7], avisierend, auch einen Träger dazu, und wirklich zogen wir alle mit langen Bergstöcken (ich liebte den meinen heiß, schnitzte Manches in seine Rinde ein), zur Mittagszeit, dem Offenseerwald zu. Der Bromberg ist Ausläufer der Hohen Schrott, am Knie vom Offenseer Tal zur Traun gelegen. Unterhalb

---

3 Ein Radschuh oder Hemmschuh ist eine Bremsvorrichtung für eisenbereifte Wagenräder. Bei starkem Gefälle wurde vor das rechte Hinterrad ein Radschuh montiert, wodurch sich das Rad nicht mehr dreht, sondern am Weg rutscht.

4 Agathe Schwabenau: I. Transkription: „Aus meinem Leben“.

5 Agathe Schwabenau: Transkription: „Wie ich meinen Vater sah“.

6 Bertha Tarnóczy (1846–1936) Malerin, Ausbildung in Salzburg, München, Dachau und Wien. Bekanntschaft der Familien während der Sommerfrische in Ebensee. Auf Einladung von Agathe Schwabenau unterrichtet sie von 1899 bis 1912 in der Malschule des *OÖKV* in Linz.

7 Valerie Kräutner Thatenberg (1843–1903) ist Agathes ältere Schwester.

Agathe Schwabenau, ***Offensee 2. Juni 1884***,
Bleistift, 11 × 16 cm, Privatsammlung

des Gipfels liegt eine ideale Almmulde, in welcher die Sennhütten stehen, dorthin wollten wir zum Übernachten. Es ist eine harmlose Steigerei hinauf, meist durch Wald, erst vor den Almen Hochalpen, für eine Gesellschaftstour, wie wir sie abgaben, gerade passend.

Die Salzkammergut Sennhütten sind alle gleich in Bauart; größerer Küchenraum mit offenem Herd, der gerußte große Kessel über der Feuerstelle, Herrgottswinkel mit Bank und Tisch, ganz kleines Fensterchen, die Türe bleibt zum Kochen offen, ein viereckiger Verschlag, der als Sennerinbett angesprochen wird. Der Kuhstall reiht sich gleich an die Küche an, ein Loch an der Decke führt unter das Dach, dient zum Heuherunterwerfen und ist durch eine angelegte Leiter über die Rücken der Kühe zu erklimmen.

Wir zogen froh in eine der Hütten zu einem netten Maidlein, kochten Tibiz, unser Griesmus, aßen Käse und Brot dazu und genossen dann vor der Hütte, außerhalb des Rauches den anbrechenden Abend, welcher rasch herniedersank. Die Sterne fingen zu flimmern an, aus den anderen Hütten stieg noch vereinzelt etwas Rauch auf, es war Nachtstille, einzelne Tannen hoben sich am Rand der Mulde am Horizont silhouettenhaft wie Scherenschnitt gegen den Himmel ab. Wir plauderten leise, es war so friedlich schön. Da, auf einmal, hören wir einen gröhlenden [sic, Anm. d. Verf.] Laut, unheimlich wiederholt sich das Orgeln dumpf näher und siehe, wo die Bäume stehen, taucht mit Riesengeweih ein Hirsch auf und hebt sich dunkel gegen den Horizont ab. Die Sennerin stürzt aus der Hütte, lässt uns nicht weiter schauen, sondern treibt zur Eile herein in die Küche, um rasch die Türe mit Brettern zu verrammeln und zuzuschließen, dann sagt sie: ‚nun kommen gleich mehr Hirsche herab, um die Hütten ist Brunftplatz und ist es gefährlich, sich im Freien aufzuhalten'. Wirklich, es dauert nicht lange, hört man wieder Hirsche röhren und sehr bald geht herunten ein Treiben los, mit Riesengepolter, ein an die Hütten Anrennen und Herumstoßen und weiter Abziehen, ganz unheimlich, wie ein Spuk, den man nicht sehen kann und dem man Atem anhaltend zuhört. Es sollen mächtige Kerle sein, die sich zum Kampf herausfordern, ist's doch kaiserliches Jagdgebiet, in urwüchsiger Einsamkeit gelegen. Als es um unsere Hütte ruhiger wurde, dachten wir zur Ruh zu gehen. Stalllaterne war keine da, zur Sommerzeit ist sie nicht nötig, so tappten wir uns durch den Kuhstall unter die Bodenluke, lehnten über die Kuhrücken die Leiter an, um ins Heu zu kriechen. Das gab Gequietsche und Spaß, wenn die Leiter durch die Kuh hinauf gestoßen wurde, ich stieg voran, um die anderen, eins nach der andern, hinauf zu hangeln. Das Dach war so nieder, dass man kaum aufrecht im Heu sitzen konnte, aber endlich – zur Horizontale – ging's gut, sich ein Nest zusammen zu kneten und die Nase voll Almheugeruch zu kriegen und den Schlaf zu suchen! [...] Endlich dämmerte doch der Tag, Tee konnte noch gekocht werden, es gab Frühstück und war's Zeit, auf zum Gipfel gegen den Wildenkogel aufzusteigen. Ein herrlicher Morgen brach an und beleuchtete die verwühlten Kampfstellen der vergangenen Mondnacht. Die Gipfelansicht ist nicht umfangreich, der Dachstein natürlich als nahe Dominante, schöne hochalpine Sättel ringsum, ein großer Adler zog seine Kreise darüber. Ich genoss die Höhenstimmung besonders, heute wurde ich 18 Jahre, die Welt war schön und ich glücklich, etwas zeichnen zu können und noch dazu gelang mir meine Arbeit [...].“ [8]

Malen mit zwei Herren

„[...] Mit diesen 2 – gegen mich alten – Herren [9] verbrachte ich 6 Sommer in Ischl. Vormittag entweder im Fölsch-Atelier in seiner Villa in Kaltenbach oder im Freien malend. Sie sind die Wegbereiter meiner künstlerischen Laufbahn gewesen, wenn auch von richtig angepacktem Studium keine Rede sein konnte und ich deutlich das Empfinden dafür hatte und den Wunsch, anders in die Lehre zu kommen, so war's Mama doch sehr lieb, mich in Unterweisung zu wissen, ich, endlich auch froh auf diese Art, nur kopierend mit feinen Haarpinseln wenigstens malen zu können. Zum Schluss ging ich ihnen an schönen Tagen einfach durch und suchte in der unmalerischen Landschaft weit entlegen irgendeinen Vorwurf zu finden, und da die Herren dann alleine daheim saßen, entschloss sich Fölsch, seinen Diener mit Malzeug und Gabelfrühstück für mich zu bepacken und auch draußen sein Glück zu probieren.

[NATURMALEN] Die viel verregneten Salzkammergut-Sommer brachten ohnedem nur vereinzelt taugliche Vormittage. Fritsch selbst malte in Ischl nicht. Er hatte sein komfortables Leben bei Fölsch, schönen Gehalt, sah uns nur zu oder malte korrigierend hinein. Fölschs Arbeit war minutiös gewissenhaft, doch nicht künstlerisch. [...]

---

8 Agathe Schwabenau: III. Transkription: „Aus meinem Leben VI“.

9 Melchior Fritsch [1826–1898], Wiener Landschaftsmaler und Lehrer von Agathe Schwabenau während der Sommerfrische in Ischl. Treffpunkt war das Atelier in der Villa des Ingenieurs August Fölsch [1824–1893], der in den Sommermonaten in Ischl-Kaltenbach Melchior Fritsch zum Malunterricht engagiert hatte.

Antonie Schwabenau, *Ebensee*, 1857,
Bleistift, 18 × 26 cm, Privatsammlung

Mir wurde durch Fölsch zuteil, was ich mir sehnlichst als Heiratszweck gewünscht hatte, erfüllt zu sehen. Nämlich: Käse essen zu dürfen, einen großen Hund zu haben und auf den Dachstein steigen zu können, Dinge, die Mama mir verwehrt hatte. Auf unseren Wagentouren übertags gab's zum Essen zum Schluss Käse; Mama war meist nicht mit, eine große dänische Dogge hatte Fölsch auch, die mir sehr zugetan war am Spaziergang und die Dachsteinbesteigung mit Weckbecker[10] setzte er als Fürsprecher bei Mama auch durch.

(DACHSTEIN) Ich brachte wohl erfrorene Füße wegen mangelhaften Schuhzeugs und eine Halsentzündung heim, die mich ins Bett zwang und meine erfrorenen Füße paar Winter viel

10 Das Ehepaar Paula und Hugo Weckbecker (1820–1903) und deren Kinder Henriette und Wilhelm waren mit der Familie Schwabenau befreundet.

Qual machten und Mamas Vorwürfe eintrug, aber ich machte mir aus all dem absolut nichts daraus. Mein Wunsch war erfüllt und mein Glück, selbst nachts oben in der Simonyhütte – schlaflos durch die kleine Fensterluke – auf das mondbeschienene Carlseisfeld sehend, so groß, dass ich mir dachte, das wird dich selbst als Großmutter noch freuen, hier oben gewesen zu sein. Br. Weckbecker, Henriette und ich stiegen von Hallstatt von Vormittag bis spät Abend zur Unterkunfthütte, man konnte damals nur über die Wies- und Ochsenwiesalm das endlos große Steinplateau erreichen. Außer uns waren nur zwei Höhlenforscher in der kleinen steingefügten Hütte.

[DACHSTEIN] Ein Führer war oben, der uns den folgenden Morgen stufenschlagend über den Scheitel des Gletschers verhalf. Wir kamen dann in sehr nassen Schnee, als es wärmer wurde, und Nebelfetzen strichen um die Gipfel, so dass wir leider an der Dachsteinwand den Rückweg antreten mussten und direkt abfuhren mit Ruf ‚Obacht Spalte', aus welcher man das Wasser gurgeln hörte und sieh: umgehend kamen wir rasch abwärts. Ich nahm vom Gletscher einen großen, frei liegenden Stein als Andenken mit, mir war der nebst Mantel, Zeichenbuch und was sonst noch alles nicht zu schwer als Last, ich stieg mir [mich, Anm. d. Verf.] ja leicht.

[BERGAUSRÜSTUNG] Ich hatte keine Bergschuhe, Mama ließ mir nur ältere Schnürschuhe mit Nägel versehen, die beinahe nach einigen Partien dann ganz ausgedient hatten. Einen kurzen Rock hatte ich mir selbst genäht. Rucksack besaß ich auch keinen, trug meine Effekten zusammengeschnallt mit Riemen um die Taille. Dafür hatte mir mein Schwager Kräutner eine kleine lederüberzogene Feldflasche mit aufgestülptem Becher geschenkt, diese trug ich mit Tee gefüllt am Riemen über die Schulter. Auch ungefüllt war sie ziehmlich [sic, Anm. d. Verf.] schwer und fasste doch nur kleine Quantität Flüssigkeit. Mein geliebter langer Bergstock war noch das Beste an meiner mangelhaften Ausrüstung, außer dem Lodenmantel. [...]

Auch mit Socken und dicken Strümpfen war ich nicht versehen. Weckbecker lieh mir für die Dachsteintour Ledergamaschen. Damit kam ich mir gar sportlich ausgerüstet vor, aber du liebe Zeit, sie machten luftundurchlässig ungemein heiß an den Waden und halfen auf Schnee und Eis nicht, meine Füße trocken zu erhalten.

Von Alpinismus war noch kaum eine Spur, Ausrüstungsgeschäfte gab es auch noch keine, so stieg man eben – wie täglich gekleidet – herum, nur mein festes Mieder ließ ich gerne manchmal daheim, obwohl man dann fand, nicht ordentlich angezogen zu sein, aber das Atmen war doch ohne geschnürter Wespentaille 57 Zentimeter Umfang leichter.

[BEKLEIDUNG] Das weibliche Geschlecht stieg noch wenig auf größere Berge, unmarkiert und ohne Wege war eine Alm oder Holzknechthütte schon ein nettes Ziel und ich entsinne mich, wie die Linzer unbegreiflich von Mama fanden, ihren Töchtern Bergsteigen zu erlauben, womit man doch derb wird und große Füße erhält [...]."[11]

---

11 Agathe Schwabenau: II Transkription: „Nachts im Bett geschrieben".

Unbekannt, ***Ebensee, Landungsplatz***, um 1905,
Ansichtskarte, Nordico Stadtmuseum Linz, Inv.-Nr. NA-066172

Kaiserin Elisabeth am Raddampfer und zu Pferd

„[…] In Ebensee hatte ich Gelegenheit, Kaiser und Kaiserin oft in unmittelbarer Nähe zu sehen, wenn sie das Dampfboot zur Fahrt nach Gmunden bestiegen. Es lag ein separat geheizter Raddampfer am bescheidenen Anlegeplatz, meist die ‚Elisabeth' mit schmalem, hohem Schornstein, der von der Heizung etwas zitterte. Der alte Kapitän Loidl mit bartumrahmtem Gesicht, alle Dekorationen auf der Brust, bestieg die Kommandobrücke, rief ins Sprachrohr ‚Rückwärts', dann begannen die Schaufeln das Wasser zu peitschen und bei ‚Vorwärts' stoppten sie eine kurze Weile und nun gings vor in den See hinaus. Die Wimpeln vom Mast und dem Steuer flatterten lustig im Wind, der Kaiser winkte, die Kaiserin stand an der Schiffsrampe, lächelnd seinen Gruß erwidernd, sich erst setzend, wenn die weißen Schaumspuren im Wasser keilartig breiter werdend mit den leichten Wellen vom guten Seewind bei schönem Wetter ans Ufer getrieben, sich vermählten. Die Hofequipagen, mit Schirmen für das Herrscherpaar bespannt, waren am Dampfschiffsplatz angefahren, welcher sonst meist nur einladende Salinenarbeiter aufnahm, welche die Salzstücke in gedeckte

Antonie Schwabenau, *Langbathsee Ebensee, den 20. August 1874*,
Bleistift, 26 × 36,5 cm, Privatsammlung

breitbauchige Schiffe mit Segel luden, die den immer gleich einsetzenden Seewind zur Verfrachtung nach Gmunden ausnützten. Der Kaiser – meist in Uniform – hatte am Arm die Kaiserin zum Schiff gebracht, sie schritten leichten Schrittes an uns ganz nahe vorbei. Sie war meist schwarz gekleidet, mit blauem Schleier am Hut und dem unermüdlichen Fächer, womöglich aufgespannten hellen Schirm vors Gesicht haltend, nickte sie mit dem Kopfe, der Kaiser salutierte uns. Alleine zu den Wagen in kleiner Suite gefolgt zurückkehrend, grüßte er uns, nochmals freundlich lächelnd, zu. Wir waren beglückt, die Augenblicke huldvoll entgegennehmen zu dürfen.

Polizei gab's keine, auch sonst keine Vorkehrungen nötig, wir waren so wenige, die hier – sich verneigend – standen. In 2 Stunden trabten die Hofequipagen auf guter Straße immer der Traun entlang nach Ischl, dem Sommeraufenthalt der kaiserlichen Familie. Der Straßenverkehr Ebensees war kaum zu nennen, nur zu Beginn und Schluss des Sommers fuhren die

Ischler Gäste hier an unserem Haus, an der Straße gelegen, vorbei zum Dampfboot. Zählte man dann 5 – 8 – 10 Wägen zweimal im Tag, fand man es viel.

Die Hofwägen erkannten wir leicht an dem raschen Hufschlag der Pferde. Wie oft fuhr der Kaiser zur Jagd, nach den Langbathseen oder Offensee. Die Berge umschlossen ringsum sein gehegtes reiches Jagdrevier. Die Zeiten, die er hier um Ebensee verlebte, gehören wohl zu seinen schönsten. Er trug dann Jagdkostüm, Lederhosen mit nackten Knien, Lodenrock, Hut mit Gamsbart. [...] Hier in der Bergeinsamkeit war der Monarch am glücklichsten, sein Waidwerk entspannte ihn von seiner pflichttreuen rastlosen Arbeit in Ischl und Wien. Er war leutselig, ungemein von den Forstleuten geliebt und ausgezeichneter Schütze.

Die Kaiserin kam nicht in die Jagdhäuser, nur der Kronprinz und Gisela als Kinder, zu 8-tägigem Aufenthalt am Langbathsee, wo man nachher im Walde noch ihre Spielbauten sah und ich sie als Kind bewunderte.

Die Kaiserin ritt in Ischl täglich. An der Kaiser Villa hatte sie eine offene Reitbahn und in den Traunau-Wiesen auch eine mit Hindernissen. Sie übte die schwierigsten Kunstreiterstücke aus. Man konnte sie in der Manege nicht gut sehen, sie war von Bäumen umgeben, aber noch sehr gut, wenn sie im Schritt durch Kaltenbach vormittags dahinritt und der Kronprinz als schmächtiger Jüngling oder ein Bereiter sie begleiteten.

Die Atelierfenster von Fölschs Villa, die auf die Straße gingen, reichten gerade auf Pferderückenhöhe, wie oft sah ich sie da von der Staffelei weg, dass ich sogar verstand, wie sie ungehalten den Kronprinz schalt, nicht genug Mut beim Reiten zu haben. Den Kaiser sah ich nie zu Pferde [...].“[12]

Per Sessel auf den Schafberg

„[...] Mich an die Ischler Tragsessel erinnernd, will ich einiges über selbe einflechten: Es waren einfache, viereckige Holzarmstühle, Leder gepolsterter Sitz, niedere Holzlehne, Fußsprosse. Rechts und links wurden 2 Stangen eingeschoben, von 2 Männern mit kreuzweisen Ledergurten über die Schultern gelegt, getragen. Auf diese Weise hatten die Träger manchmal Gelegenheit, eine Hand freizubekommen und den Schweiß von Kopf und Hals zu wischen, und das war auch gut so, denn der Duft passte wohl nicht zu der berühmten Ischler Luft, die sogar von Gästen – in Flaschen mitgenommen – im Winter die Salons erfrischen sollten. Die Tragsessel wurden gern benützt von den Kurgästen, sie hatten, wie Fiaker, ihre Stände. Dann gab es noch geschlossene Sänften, die an Regentagen zu Theaterbesuch und auch sonst benutzt wurden. Eigentlich eine ganz erklägliche [erkleckliche, Anm. d. Verf.] Einrichtung, die Fahrstraßen beschränkten sich nur im Tal auf wenig Richtungen und die Villenbesitzungen lagen zerstreut auf Anhöhen, hatten höchst selten eine Zufahrt, außer der Besitzer hielt Equipagen, meist nur Zugänge über Berghänge.

Mama, die sich sehnlichst wünschte, einmal im Leben den Schafberg zu erreichen, erfüllte sich endlich diesen Wunsch an einem herrlichen 3. Septembertag, indem sie 4 Träger

12 Agathe Schwabenau: I.Transkription: „Aus meinem Leben“.

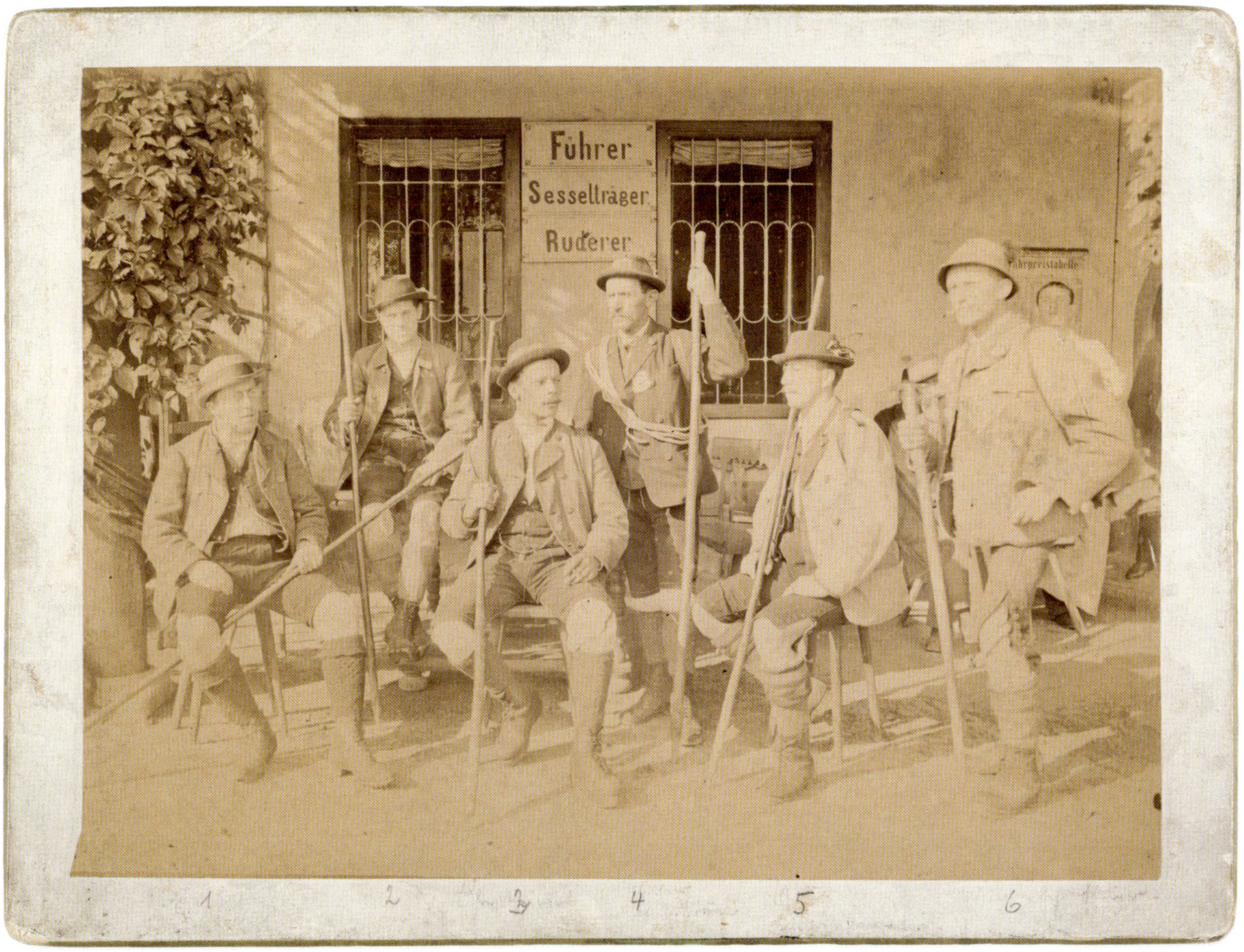

Josef Dobretsberger, ***Dachsteintouristen Hallstatt 8. Sept 93***, 1893,
Fotografie, 14 × 19 cm, Alpenverein Linz

1 Ludwig Haase, Linz; 2 Fritz Mühlbacher, Linz; 3 + 4 Träger aus Hallstatt;
5 Josef Dobretsberger, Linz; 6 Georg Schachinger, Hinterstoder

und Tragsessel von Ischl nach Wolfgang kommen ließ, die sie hinauftrugen. Es gingen rückwärts 3 Männer und wechselten die 2 Seitenmänner mit den mittleren, welche die Hauptlast trugen, alle 1/2 Stunde ab. Es wurde in dem massiven Steinhaus auf dem Gipfel übernachtet, zum Sonnenaufgang alles durch Läuten geweckt, die wenigen Schritte bis zum Nordsteilabhang gestiegen und frierend dem grandiosen Sonnenaufgang entgegengesehen, der ringsum die vielen tief unten liegenden Seen zu silberigem Augenaufschlag brachte. Ich und die Görlitzer Erzieherin der Kräutner Kinder waren mit Mama bei dieser Partie, welche wir von Ebensee unternahmen. Auf dem Wege auf und ab begegnete man kaum einer Seele, denn auch oben im Haus fanden sich von den verschiedenen Seiten aufsteigend nur spärlich Menschen ein […]."[13]

13 Agathe Schwabenau: II.Transkript: „Nachts im Bett geschrieben".

Unbekannt, ***Traunsee von Ebensee, Dampfer Sofie***, 1903, Photochromiekarte 438, Nordico Stadtmuseum Linz, Inv.-Nr. NA-066148

Stengel & Co., ***Gmunden (Salzkammergut vom Calvarienberg)***, 1905, Photochromiekarte 21874, Nordico Stadtmuseum Linz, Inv.-Nr. NA-066145

F. Josef Vesco, ***Gmunden. Traunsee mit Schloss Ort***, 1911, Photochromiekarte 4818, Nordico Stadtmuseum Linz, Inv.-Nr. NA-066146

F. E. Brandt, ***Salzkammergut. Der Traunsee aus der Vogelschau***, 1911,
Photochromiekarte Nr. 1037, Nordico Stadtmuseum Linz,
Inv.-Nr. NA-066187

F. E. Brandt, ***Salzkammergut. Kranabethsattelhütte u. Almen bei Ebensee***, 1912,
Photochromiekarte 448, Nordico Stadtmuseum Linz,
Inv.-Nr. NA-066135

F. Windischbauer, ***Almtal Almsee***, 1920,
Ansichtskarte 615, Nordico Stadtmuseum Linz,
Inv.-Nr. NA-066144

F. E. Brandt, ***Salzkammergut. Laudachsee mit Katzenstein bei Gmunden***, 1910,
Photochromiekarte 348, Nordico Stadtmuseum Linz,
Inv.-Nr. NA-066140

F. E. Brandt, ***Gosausee mit dem Dachstein 2996 m***, 1906,
Photochromiekarte 480, Nordico Stadtmuseum Linz,
Inv.-Nr. NA-062742

F. E. Brandt, ***Schwarzensee bei St. Wolfgang***, 1909,
Photochromiekarte 712, Nordico Stadtmuseum Linz,
Inv.-Nr. NA-062751

F. E. Brandt, ***Am Mondsee. Dampfer Habsburg***, 1907, Photochromiekarte 567, Nordico Stadtmuseum Linz, Inv.-Nr. NA-062778

F. E. Brandt, ***Hallstatt***, 1906, Photochromiekarte 112, Nordico Stadtmuseum Linz, Inv.-Nr. NA-062763

F. E. Brandt, ***See am Mondsee. Landungsplatz***, 1907, Photochromiekarte, Nordico Stadtmuseum Linz, Inv.-Nr. NA-062775

F. E. Brandt, ***Salzkammergut St. Wolfgang mit dem Schafberg***, 1908,
Photochromiekarte 118, Nordico Stadtmuseum Linz, Inv.-Nr. NA-062755

F. E. Brandt, ***Salzkammergut. Traunkirchen Fronleichnamsprozession***, 1915,
Photochromiekarte 351, Nordico Stadtmuseum Linz, Inv.-Nr. NA-066151

F. E. Brandt, ***Salzkammergut. Attersee***, 1921,
Photochromiekarte 882, Nordico Stadtmuseum Linz, Inv.-Nr. NA-066149

Unbekannt, ***Gmunden. Restauration Hoisen am Fusse des Traunsteins***, 1902, Ansichtskarte, Nordico Stadtmuseum Linz, Inv.-Nr. NA-066137

F. E. Brandt, ***Gmunden. Miesweg am Traunstein***, Photochromiekarte 344, Nordico Stadtmuseum Linz, Inv.-Nr. NA-066136

H. V. Haslach, ***Gmunden. Esplanade mit Musikpavillon***, 1900,
Correspondenz-Karte, Nordico Stadtmuseum Linz,
Inv.-Nr. NA-066147

F. E. Brandt, ***Salzkammergut. Grossalm am Fuße des Höllengebirges***, 1917,
Photochromiekarte 234, Nordico Stadtmuseum Linz,
Inv.-Nr. NA-066139

F. E. Brandt, ***Salzkammergut. Traunstein und schlafende Griechin bei Gmunden***, 1911,
Photochromiekarte 973, Nordico Stadtmuseum Linz,
Inv.-Nr. NA-066150

Unbekannt, ***St. Lorenz am Mondsee mit der Drachenwand***, 1904,
Correspondenz-Karte, Nordico Stadtmuseum Linz,
Inv.-Nr. NA-066143

F. E. Brandt, ***Hinterer Langbathsee bei Ebensee***, 1906,
Photochromiekarte 139, Nordico Stadtmuseum Linz,
Inv.-Nr. NA-066138

F. E. Brandt, ***Bad Ischl. Esplanade***, 1906,
Photochromiekarte 365, Nordico Stadtmuseum Linz,
Inv.-Nr. NA-062743

Unbekannt, ***Zizlau, Zizlauerbachmündung in die Donau***, 1935,
Fotografie, 12,6 × 17,8 cm, Nordico Stadtmuseum Linz, Inv.-Nr. NA-048514

Helene Clodi-Titze, ***Lustenau, Weg entlang der Donau***, 1938,
Fotografie, 8,5 × 11,5 cm, Nordico Stadtmuseum Linz,
Inv.-Nr. NWT-007804

Tobias Hagleitner

Einmal Sommerfrische und zurück.
Kleine Expansionsgeschichte der Linzer Lustfahrt

„Südöstlich, eine Stunde von der Stadt", heißt es in einem Reiseführer von 1812, liege ein Dorf, „zu welchem drey Wege gehen". Der weiteste, aber schönste, weil abwechslungsreichste, verlaufe entlang des Donauufers. „Wenige Schritte von dem ansehnlichen Wirthshause dieses Ortes fällt die Traun in die Donau", so der Autor weiter, und er beschreibt detailliert das weit stromabwärts sich hinziehende Farbspiel, wenn sich das „schöne bläulichte Grün der Traun" mit der Donau mischt.[1]

In einer urtümlich anmutenden Aulandschaft mit zahlreichen Nebenarmen und Inseln fand der Berichterstatter von einst „viele angenehme Spaziergänge und liebliche abwechselnde Partien" vor. Das Örtchen, dessen Besuch uns hier nahegelegt wird, nennt sich Zizlau, das gut hundert Jahre später, ab 1915, zum Stadtgebiet von Linz gehören sollte. Wer heute einen Blick auf diese Stelle wirft, sei es im „Realraum" am Radweg beim Weikerlsee oder per Satellitenbild in der Online-Map, wird erkennen, dass sich ein blasser Rest des Naturspektakels an der Mündungsstelle der meist klaren Traun in die sandig-trübe Donau erhalten hat. Alles andere an dieser Landschaft aber hat sich so sehr verändert, dass das alte Bild kaum mehr vorstellbar ist.

Im Naherholungsgebiet des Biedermeier

Den Linzer*innen der damaligen Zeit musste das Gebiet ein Stück donauabwärts südlich der Stadt nicht erst durch einen Reiseführer empfohlen werden. Das Dörfchen St. Peter und die benachbarte Zizlau waren längst beliebte Ziele für den Sonntagsausflug – zu Fuß oder mit der Kutsche, versteht sich, vielleicht auch mit dem Boot. Mehrere Wirtshäuser mit einladenden Gastgärten standen zur Auswahl. Begehrt waren besonders fangfrische Fische und Krebse aus Donau und Traun. Mit Zillen konnten Zizlauerbach und Mühlbach erkundet werden, an den Bachläufen und Ufertümpeln der Au gab es lauschige Badeplätze.

St. Peter und Zizlau waren für das Linz des 19. Jahrhunderts in etwa das, was ab Mitte des 20. Jahrhunderts „Naherholungsgebiet" genannt werden sollte. Es war ein für breite Bevölkerungsteile einfach und günstig erreichbarer Ort außerhalb der Stadt, mit erschwinglichem Angebot für Unterhaltung, Genuss und Müßiggang. Linz mag bis weit ins 19. Jahrhundert noch selbst eine überschaubare, ländlich anmutende Stadt gewesen sein – das dörfliche Idyll und der urig-romantische Naturraum an der Donau boten dennoch schon

---

1 Heinsse, Carl Gottfried: *Linz und seine Umgebungen. Mit einem Überblicke der merkwürdigsten Städte und Gegenden von Oberösterreich*, Linz 1812, S. 100 f.

Bernadette Huber, aus der Serie: ***Andere Kindheit***, 2020–2024, Digitaldruck, kaschiert auf Aluminium, 35 × 50 cm, Nordico Stadtmuseum Linz, Inv.-Nr. D 898

Elisabeth Huber, die Mutter der Künstlerin, verbrachte ihre früheste Kindheit in St. Peter Nr. 23. Das Gebäude wurde am 22.4.1940 enteignet und für den Bau der *Reichswerke Hermann Göring* abgerissen. Das Foto wurde von Elisabeth Hubers Bruder Karl Mayrhofer aufgenommen.

damals ein attraktives Gegenbild zum Alltag in der Stadt. St. Peter war ein Ort der sommerlichen Erfrischung und Erholung von der Stadt, eine Sommerfrische im Kleinen.

In den Linz-Ausgaben der damals populär werdenden Reiseliteratur werden freilich auch andere Ausflugsziele im Nahbereich der Stadt genannt – das westliche Donautal mit St. Margarethen und Puchenau (bzw. Buchenau), der Pöstlingberg, im Nordosten etwa auch St. Magdalena oder Auhof. Die meisten Orte werden auch heute noch, zumindest in Teilen, als Naherholungsraum genutzt. Anders St. Peter: Diese Landschaft wird zum Schauplatz dramatischer Veränderungen, die letztlich zur vollständigen Auslöschung der Siedlung führen: 1938 werden sämtliche Bewohner*innen abgesiedelt – ausbezahlt oder enteignet –, das Dorf wird dem Erdboden gleichgemacht, das Gelände zum Zweck des Hochwasserschutzes großflächig mit Schotter aufgeschüttet und die *Reichswerke AG für Erzbergbau und Eisenhütten Hermann Göring Linz*[2] werden errichtet. „So wird Linz aus seinem bisherigen Traum eines kleinen Provinzstädtchens aufblühen, wird eine mächtige Stadt der Wirtschaft werden!“, ruft Hermann Göring beim Spatenstich der versammelten Menge vom Bagger aus zu.[3]

Ludwig Aspöck, ***St. Peter, Kirche***, 1938, Fotografie, 13 × 18 cm, Nordico Stadtmuseum Linz, Inv.-Nr. NA-024922

2 Die *Hermann-Göring-Werke* wurden nach dem Krieg zur *VÖEST*, ab 1995 *Voestalpine*; die Weikerlseen und Teile des Pleschinger Sees, beliebte Naherholungsgebiete der Gegenwart, sind durch den Schotterabbau für die damalige Geländeaufschüttung entstanden.

3 Jürgens, Uli: „Hermann-Göring-Werke/VÖEST, Oberösterreich“, in: oe1.orf.at/artikel/644809/Hermann-Goering-Werke-VOeEST-Oberoesterreich, zuletzt aufgerufen am: 5.12.2023.

Ludwig Aspöck, ***Zizlau, Zizlauer Bach***, 1937,
Fotografie, 13 × 18 cm, Nordico Stadtmuseum Linz, Inv.-Nr. NA-025012

Helene Clodi-Titze, ***Lustenau, Aulandschaft***, 1938,
Fotografie, 10,5 × 13,3 cm, Nordico Stadtmuseum Linz, Inv.-Nr. NWT-007801

Das Schicksal dieses Ortes hat als Schauplatz der rücksichtslosen Zerstörung durch die fanatische (Kriegs-)Wirtschaftspolitik des Nationalsozialismus seine ganz spezifische Ausprägung. Die Geschichte steht aber doch auch beispielhaft und sinnbildlich für die Dramatik von Fortschritt, Beschleunigung und Expansion im Allgemeinen, die mit den Industrialisierungs- und Urbanisierungsprozessen des 19. und 20. Jahrhunderts bis in die heutige Zeit einhergehen. Typisch dafür ist einerseits die rasante Verwandlung der Welt, mit enormem Verbrauch an Agrar- und Naturlandschaften, die sich bis dahin vergleichsweise langsam verändert hatten; andererseits wächst zugleich die Sehnsucht der auf diese Art „Verstädterten" nach romantischen, ländlichen, vermeintlich ursprünglichen Gegenwelten. Der Tourismus, der sich als neue Form des Reisens im 19. Jahrhundert formiert, ist an der Produktion und Popularisierung dieser Gegenwelten in ganz besonderer Weise beteiligt.[4]

Landpartien mit der ersten Eisenbahn

Der Reiseführer *Linz und seine Umgebungen* erscheint 1838 in überarbeiteter Neuauflage. Die Gegend um St. Peter wird darin wortgleich wie in der Erstausgabe von 1812 beschrieben – die Aulandschaft, die Mündung, Flöße und Schiffe mit Kohle, Holz und Salz. Aber es gibt die wesentliche Erweiterung, „daß nun das Salz und andere Güter auf der Eisenbahn verführt werden."[5] Die Eisenbahn gab es zu diesem Zeitpunkt seit gut zehn Jahren – 1827 war mit der Pferdeeisenbahn von Budweis nach Leopoldschlag die erste Eisenbahn am europäischen Festland fertiggestellt worden, im Jahr 1832 hatte sie mit der Station Urfahr ihren vorläufigen Endpunkt erreicht; ab 1835 konnte die Strecke Linz–Lambach befahren werden, ein

4 Göttsch, Silke: „‚Sommerfrische'. Zur Etablierung einer Gegenwelt am Ende des 19. Jahrhunderts", in: *Schweizerisches Archiv für Volkskunde*, 98/Nr.1, 2002, S. 9–15.

5 Heinse, Gottlob Heinrich (Hrsg.): *Linz und seine Umgebungen*, Linz 1838, S. 82.

Jahr später reichte die Bahn bis Gmunden. Nach dem Lückenschluss von Urfahr über die alte Holzbrücke zum Linzer Südbahnhof war die Transportroute aus dem Salzkammergut bis Budweis vollständig hergestellt.

Im Fokus der *K. k. Ersten österreichischen Eisenbahn-Gesellschaft* waren keineswegs der Personen- und schon gar nicht der Vergnügungs- oder Erholungsverkehr. Das Geschäftsinteresse betraf den Gütertransport zwischen Moldau, Donau, Salzkammergut – vor allem für das Salz. Zur optimalen Erschließung der Donau, für den Weitertransport Richtung Wien, wurde noch eine weitere, nur knapp drei Kilometer lange „Flügelbahn" errichtet, die wenig südlich von Linz abzweigte[6] und zur Mündung der Traun in die Donau führte. St. Peter/Zizlau war als Endstation dieses Schienenstrangs „der erste und keineswegs unbedeutende Umschlagplatz der beiden in Linz sich kreuzenden Nord-Süd- und Ost-West-Verkehrswege"[7] und zudem der erste Umschlagplatz vom Schiff auf die Bahn am Kontinent. Zur Infrastruktur gehörten neben dem Stationsgebäude ein großes Salz- und Warenmagazin, ein Stall für 40 Pferde und ein stattliches Gasthaus.[8]

Anfangs waren die eben fertiggestellten Bahnstrecken tatsächlich dem Frachtentransport vorbehalten, aber schon nach wenigen Monaten kamen die ersten Stellwagen für den Personenverkehr zum Einsatz. Waren bereits 1833 „Gesellschaftsfahrten vom Stationsplatze der Bahn in Urfahr bis nach St. Magdalena eröffnet worden, welche ungemein zahlreiche Theilnahme gefunden und der Gesellschaft eine bedeutende Nebenquelle der Einnahme eröffnet hatten", so wurden 1838 schließlich auch Fahrten „zum Vergnügen des Publikums nach Zizlau eröffnet, welche gleich lebhafte Theilnahme fanden, wie jene nach St. Magdalena."[9] Passend dazu findet sich im Reiseführer eben dieses Jahres die Beobachtung, die neue Eisenbahn habe „auf die Vergnügungen, auf die heitere Laune und das gesellschaftliche Leben der Linzer einen unverkennbar mächtigen Einfluß. An Sonn- und Feyertagen und selbst oft an Wochentagen sieht man ganze Coterien [veraltete Bezeichnung für eine geschlossene Gruppe bzw. Clique, Anm. d. Verf.] auf mehreren Wägen in der freudigsten Stimmung nach dem nahen St. Magdalena, Zizlau, Neubau, Wels dahin rollen, und sich dort im geselligen Vereine zu unterhalten und zu ergetzen."[10]

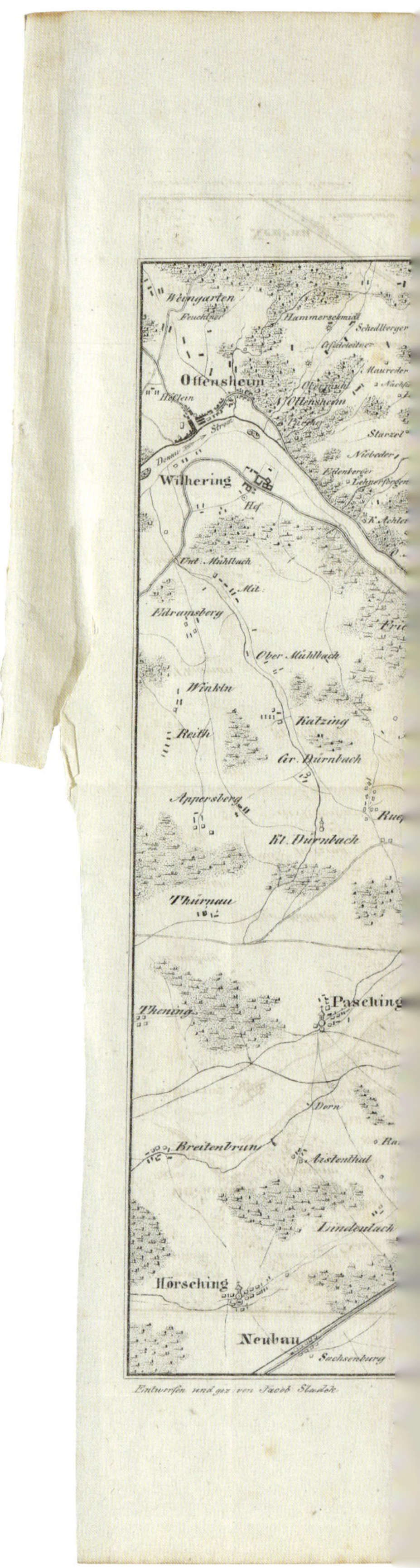

Jos. Weizmann, ***Karte von Linz mit der nächsten Umgebung***,
aus: Heinse, Gottlob Heinrich (Hrsg.): Linz und seine Umgebungen, Linz 1838, S. 180.

---

6 Die Stichbahn startete beim nicht mehr existenten Festungsturm Nr. 1 (Rosalia), in der Nähe der heutigen Kreuzung Wiener Straße/In der Neuen Welt.

7 Sames, Josef: *Budweis–Linz–Gmunden. Ein eisenbahngeschichtliches Gedenkblatt*, Linz 1924, S. 15.

8 Vgl. Karl, Maria und Kurowski, Stefan: *Mit heißen Wünschen, Hermann Göring. Vom Dorf St. Peter in Linz, das Hitlers Plänen für ein Hüttenwerk im Wege stand*, Grünbach 1998, S. 19 f.

9 Fink, Josef: *Geschichte von Linz* (Bd. 2), o. O. 1885, S. 84.

10 Heinse 1838 (s. Anm. 5), S. 73.

Karte von Linz
mit der nächsten Umgebung
LINZ
Urfahr
Pöstlingberg
St. Magdalena
Gallneukirchen
Steyeregg
Pulgarn
Luftenberg
St. Georgen
St. Peter
Leonding
Kl. München
Ebelsberg
Asten
ENNS
Traun
k. privilegirten academischen Kunst - Musik - und Buchhandlung des Friedrich Eurich und Sohn.

Unbekannt, ***Urfahr mit Pöstlingberg vom Brückenkopf Linz***, um 1840,
Kupferstich aquarelliert, 10,2 × 13,6 cm, Nordico Stadtmuseum Linz, Inv.-Nr. T 2280

August Klein, ***Ballspende, Personenwagen der Pferdeeisenbahn Linz-Budweis***, 1886,
Metall, Notizbuch, Bleistift, 8 × 4 × 5,5 cm, Quaste 13,5 cm,
Nordico Stadtmuseum Linz, Inv.-Nr. O 1128

A. Hiller, ***Die Pferdeeisenbahn von Linz nach Zartelsdorf***, 1872,
Holzstich, 16,9 × 24,7 cm, Nordico Stadtmuseum Linz, Inv.-Nr. T 2883

Johannes Klaus, ***Bahnhof Linz***, 1860,
Lithografie aquarelliert, 24,7 × 32,5 cm,
Nordico Stadtmuseum Linz, Inv.-Nr. T 14384

Unbekannt, ***Mühlbachmündung in die Donau***, um 1935,
Fotografie, 12,6 × 17,8 cm, Nordico Stadtmuseum Linz, Inv.-Nr. NA-048512

Franz Holluber, ***Salzkammergutbahn im Koppental bei Bad Aussee***, 1900,
Fotografie, wikimedia commons

Das Zizlauer Eisenbahnwirtshaus war ein besonders beliebtes Ausflugsziel, lag es doch am „reizenden Ufer der majestätischen Donau, von schattigen Auen und herrlichen Wiesen umgeben". Die „wahrhaft entzückende Aussicht der am entgegengesetzten Ufer der Donau im malerischen Farbenkranze prangenden Steyregger Waldgebirge sowie die perspektivische Fernsicht nach den Windungen der mächtigen Donau" machten diesen Punkt zu einer der „herrlichsten Umgebungen der Landeshauptstadt".[11]

Eine neue Destination in den Süden

Die aus heutiger Sicht sehr einfache Verkehrsinfrastruktur der frühen Eisenbahn muss auf Menschen des 19. Jahrhunderts neuartig und eindrucksvoll gewirkt haben. Den Reisenden war es nun möglich, auf bequemere Art und in wesentlich kürzerer Zeit als je zuvor aus Linz hinauszukommen, nach St. Magdalena oder Zizlau, aber nun vor allem auch nach Gmunden. Die Strecke Linz–Gmunden wurde 1836 von rund 75 000 Personen benützt, 1852 wurden mit 642 Pferden bereits mehr als 170 000 Personen befördert. Aus der Erfolgsbilanz lässt sich erkennen, dass bereits die Pferdeeisenbahn das Salzkammergut für den Fremdenverkehr in einem Ausmaß erschlossen hatte, das im Zeitalter der Fuß- und Kutschenreise nicht möglich gewesen wäre.[12]

Die Umstellung auf Dampflok-Betrieb, der von den Gründungs-Ingenieuren der Pferdeeisenbahn bereits angedacht, aber aus finanziellen Gründen nicht durchsetzbar gewesen war,[13] wurde ab Mitte der 1850er-Jahre vorangetrieben. Auf der Verbindung Linz–Gmunden war es schon im Sommer 1855 so weit. Die Modernisierung war auf der Südstrecke nicht nur wegen der baulichen und topografischen Gegebenheiten einfacher möglich als im Mühlviertel. Der Umstieg war auch durch die große touristische Nachfrage motiviert: Die Personenbeförderungszahlen lagen etwa um das Zehnfache über jenen der Strecke Linz–Budweis. Letztere sollte erst Anfang der 1870er-Jahre in eine Lokomotivbahn umgewandelt werden.[14]

Im Dezember 1858 wurde die Kaiserin-Elisabeth-Bahn als Hauptstrecke von Wien nach Linz eröffnet, im Jahr darauf hatte sie bereits Lambach erreicht. Linz erhielt einen neuen Bahnhof, wobei der Südbahnhof Endstation für die Budweiser Strecke und Umschlagplatz auf die neue Hauptstrecke blieb. Die Schmalspurbahn von Linz nach Lambach war aber überflüssig geworden und wurde samt dem Abzweiger nach Zizlau aufgelassen.

---

11 Pfeffer, Franz: „Aus der Geschichte der Zizlau. Das Schifferdorf im Linzer ‚Prater'", *Welser Zeitung*, 30.5.1930, S. 28. Der Chronist erinnert weiters an Ausflugszüge „voll festlich geputzter fröhlicher Linzer", die vom Linzer Personenbahnhof beim Museum in die „biedermeierliche Ausflugsidylle" abfuhren.

12 Vgl. „Pferdeeisenbahn Budweis–Linz–Gmunden", in: gmundens-schaetze.at/pferdeeisenbahn-budweis-linz-gmunden, zuletzt aufgerufen am: 5.12.2023.

13 Sames 1924 (s. Anm. 7), S. 8 f.

14 Etwa zeitgleich mit der Entstehung der ersten Eisenbahnen beginnt auch die Dampfschifffahrt auf der Donau: ab 1838 Linz–Wien, ab 1939 Linz–Regensburg. Der für Linz wichtige Schiffstourismus und seine Geschichte werden hier mit Fokus auf die Zielregionen Mühlviertel/Salzkammergut ausgeklammert.

Helene Clodi-Titze, ***Bahnhof Traunkirchen-Ort, Traunsee***, um 1930,
17 × 23 cm, Fotografie, Privatsammlung Traunkirchen

St. Peter/Zizlau blieb sicherlich auch ohne Bahnanschluss ein beliebter Ausflugsort für die Linzer Bevölkerung, zumal mit der Gründung der Fischzuchtanstalt 1871 samt Fischereimuseum eine zusätzliche Attraktion entstehen sollte. Mit den gemächlichen Zizlauer „Gesellschaftsfahrten“ per Eisenbahn war es nach zwanzig Jahren jedenfalls wieder vorbei. Die Donauregulierungen der 1880er-Jahre ließen das Dörfchen und den ehemaligen Bahnhof vom Ufer abrücken, es wurde still am ehemals umtriebigen Gelände.

Das schnell wachsende Eisenbahnnetz erschloss nun fernere Ziele. Die neuen, bald international verzweigten Bahnverbindungen waren nicht nur Inbegriff technischen Fortschritts, sie bedeuteten auch eine grundlegende mentale Veränderung in Bezug auf die eigene Verortung in der Welt, auf das Gefühl für Distanzen und Erreichbarkeit, somit auf das Verständnis von Zeit und Raum ganz generell.[15]

Direktverbindung in die Sommerfrische

So wie St. Peter/Zizlau stand auch das Salzkammergut in der zweiten Hälfte des 19. Jahrhunderts vor der Herausforderung, mit dem zunehmenden Bedeutungsverlust und dem Strukturwandel des Salzhandels konstruktiv umzugehen. Mit der Salzkammergutbahn, die 1877 eröffnet wurde und von Attnang über Ebensee bis Ischl und Aussee führte, war die Region ins europäische Verkehrsnetz eingebunden. Einer dynamischen Entwicklung des Fremdenverkehrs stand fortan nichts mehr im Weg.[16] Die „Sommerfrischen“ waren nun endgültig direkt per Bahn erschlossen – ein Angebot, das von Erholung suchenden Stadtmenschen aus Wien, aber auch aus Linz und Salzburg gerne angenommen wurde. Auch Kaiser Franz Joseph I. nutzte die Bahn regelmäßig zur Fahrt in seine Sommerresidenz nach Ischl, ab 1891 mit dem eigens für ihn gebauten kaiserlichen Hofzug. Im Gefolge des Hofes kamen auch Adelige, Industrielle und Künstler*innen mit der Bahn. Die Kurorte des Salzkammerguts waren mit Schnellzügen mit Schlaf- und Speisewagen verbunden. Vor dem Ersten Weltkrieg gab es direkte Kurswagen von und nach Prag, Karlsbad, München, Regensburg und Frankfurt am Main.[17]

Eine zeitgenössische Schriftstellerin und Reisejournalistin schildert die Motivation zum Aufbruch in die Sommerfrische: „‚Hinaus‘ ist das Losungswort und mit jeder Meile Entfernung von der Grossstadt steigert sich die Lust am Naturgenuss.“ Sie schwärmt von den Eindrücken der Bahnreise: „Ein Blick auf das in majestätischer Pracht vor uns liegende Hochgebirge mit seinen Gletschern und Schneefeldern, seinen majestätisch ansteigenden, dunkelgrünen Waldungen, die uns als freundlichen Willkommengruss ihre aromatischen Düfte entgegensenden, lässt jeden Zweifel schwinden, dass wir in Ischl Tage echten

15 Vgl. Schivelbusch, Wolfgang: *Geschichte der Eisenbahnreise. Zur Industrialisierung von Raum und Zeit im 19. Jahrhundert*, Frankfurt am Main 2000.

16 Idam, Friedrich: „Die Erschließung des inneren Salzkammergutes“, in: Maurer, Lutz/Rohrhofer, Franz Xaver/Perfaller, Arno (Hrsg.): *Handbuch zu „Reisen durch Oberösterreich“*, Linz 2008, S. 96 f.

17 Vgl. Selzer, Erika: *125 Jahre Salzkammergutbahn*, Ausstellungskatalog, Kammerhofmuseum, Bad Aussee 2002.

Naturgenusses finden werden. Bald ist Gmunden erreicht. […] Aug' und Herz ist gefangen von den von Minute zu Minute sich steigernden landschaftlichen Reizen! Die längs des Traun-Sees dahinführende Bahn berührt […] das gleichsam in den See hineingebaute Traunkirchen, die am Sonnsteintunnel gelegenen Ortschaften Traunsee, Ebensee, deren im Villenstyl erbaute Häuser, Schlösser uns einen Vorgeschmack von dem in seiner Eigenart unerreichten Landschaftsbilde bieten, das Ischl so anziehend, so grossartig und doch wieder so überaus anmuthend lieblich erscheinen lässt." Ihren dreiseitigen Bericht, den sie nicht ohne Ironie vor allem dem Gesellschaftsleben der feinen Sommergäste widmet, schließt sie mit einer Aufforderung an ihre Zeitgenoss*innen: „Wer Zeit und Geld und den guten Willen hat, sich innerlich wie äusserlich aufzufrischen, die absorbirten Kräfte zu erneuern, der wandere hinaus in Gottes schöne Alpenwelt! Als anderer Mensch wird er heimkehren, […] frischer, natürlicher, lebensfroher."[18]

Die Stadt fährt aufs Land

Im Jahr 1889, als der eben zitierte „Brief aus dem Salzkammergut" in der *Oesterreichischen Touristen-Zeitung* erscheint, wird eine weitere, für Linz bedeutsame Bahnstrecke eröffnet: die Mühlkreisbahn. „Seither beginnt auch langsam ein Fremdenstrom in das Gebiet einzudringen", wie ein Autor derselben Zeitschrift einige Jahre später feststellen kann. Nach einer detaillierten Schilderung des Fahrtverlaufs von Urfahr bis Aigen-Schlägl widmet er sich verschiedenen Wanderungen und Ausflügen, die von den Stationen aus „in diesen lieblichen Geländen" gemacht werden können. „Wie man sieht", so schließt er seinen Bericht, „verlohnt es sich also wohl einmal einen Abstecher ins Gebiet der Mühlkreisbahn zu unternehmen."[19] Bemerkenswert ist diese höfliche Empfehlung, weil sie deutlich macht, wie sehr die Infrastruktur der Bahn für die „Fremden" die touristische Region erst definiert – nicht ins Mühlviertel wird hier gereist, sondern ins „Gebiet der Mühlkreisbahn".

Mit dem Ausbau des Bahnnetzes wurde es den Städter*innen in immer größerem Ausmaß und in immer weiterem Radius ermöglicht, sich aufs Land zu begeben. Dank der einfacheren Erschließung wuchs die Kultur der Sommerfrische nach und nach auch gesellschaftlich in die Breite. Nachdem sich Adel und Großbürgertum längst für die Übersiedlung auf Zeit begeistert hatten, kam zunehmend auch die gehobene Mittelklasse in diesen Genuss. Außerdem ergaben sich sozialpolitische Veränderungen: So erhielten 1910 die Handelsangestellten allgemeinen Urlaubsanspruch, 1914 die Beamten.[20] Eine Großstadt wie Wien – und in bescheidenerem Ausmaß auch Linz – entleerte sich im Sommer geradezu.[21] Das bürgerliche Leben verlagerte sich in die Berge und an die Seen. Mit der Sommerfrische ging somit

18 Barber, Ida: „Briefe aus dem Salzkammergut", *Oesterreichische Touristenzeitung*, Nr. 18, 1889, S. 208–210.

19 Petermann, Reinhard: „Aus dem Mühlviertel", *Oesterreichische Touristenzeitung*, Nr. 24, 1903, S. 277–280.

20 Payer, Peter: „Sommerfrische. Ein bürgerliches Ritual als Sehnsucht nach antiurbanen Sinnesreizen", in: Opll, Ferdinand und Scheutz, Martin (Hrsg.): *Fernweh und Stadt. Tourismus als städtisches Phänomen*, Bd. 28, Innsbruck 2018, S. 82.

21 Vgl. ebd., S. 99.

Unbekannt, ***Mühlkreisbahn, Ottensheim***, um 1915,
Ansichtskarte, Nordico Stadtmuseum Linz, Inv.-Nr. NA-062513

auch eine urbane „Kolonisierung" vor sich, die eine „hegemoniale Umformung einer bislang weitgehend autochthonen ländlichen Kultur"[22] mit sich brachte. Die gewaltige Dynamik des Sommerfrische-Booms um die Jahrhundertwende machen Zahlen aus Bad Ischl deutlich: Im Jahr 1900 gab es hier bei rund 9 000 Einwohner*innen 25 000 Sommergäste, zwei Jahre später waren es bereits 30 000.[23]

Der Erste Weltkrieg und die Inflation brachten die Kultur der Sommerfrische dann insgesamt in die Krise. Als die jüdische Bevölkerung, die für diese Kultur von tragender Bedeutung gewesen war, nach der faschistischen Machtergreifung vertrieben und ermordet wurde, „mutierten die Sommerfrischenorte bestenfalls zu Ausflugszielen für heimat- und naturverbundene Wanderer und Bergsteiger."[24]

Automobile Transformation der Landlust

Im 20. Jahrhundert bricht gemächlich, aber unaufhaltsam das Zeitalter der Automobile an. In Linz und Oberösterreich spielten sie allerdings bis in die 1950er-Jahre keine besonders große Rolle, weder im Alltag noch für den Tourismus. In gewisser Hinsicht war das Bundesland aber auch bei dieser verkehrstechnologischen Neuerung wieder vorn dabei: Nachdem die Pferdepostlinie Linz–Eferding im Frühjahr 1907 eingestellt worden war, wurde hier die

22 Ebd., S. 85.

23 Ebd., S. 86.

24 Ebd., S. 102.

Unbekannt, ***Letzte Fahrt der Pferde-Post/ Erstes Postauto***, Glasau, 16.5.1912, Fotografie, gerahmte Montage, Erinnerungsblatt 9,5 × 37,5 cm, mit Rahmen 25,7 × 53,7 cm Nordico Stadtmuseum Linz, Inv.-Nr. NA-062508

erste Autobuslinie des heutigen Österreich etabliert, 1912 folgten Linz–Gallneukirchen und Linz–Freistadt.[25] Ebenfalls 1912, beim *Ersten oberösterreichischen Fremdenverkehrstag* in Bad Ischl, wurden von mehreren Vertretern der Salzkammergutgemeinden nicht nur Optimierungen der Bahnverbindungen, sondern gleichermaßen die „Verbesserung und Teerung der Straßen auch zu Automobilzwecken" oder etwa die „Schaffung einer Automobilstraße nach dem Gmundnerberg" gefordert. Der anwesende Vertreter des (erst seit 1908 bestehenden) Fremdenverkehrsverbandes befürwortete dann auch „die tunlichste Pflege der Straßen", das Straßenwesen habe „auf den Fremdenverkehr größten Einfluß."[26]

Unmittelbar nach dem Ersten Weltkrieg waren rund 700 Pkw im Bundesland zugelassen.[27] In der Zwischenkriegszeit und während des Zweiten Weltkriegs blieb die Wachstumsrate überschaubar. Dennoch konstatiert die *Automobil- und Motorrad-Zeitung* bereits 1937 ein „zusammenhängendes, gut gepflegtes Autostraßennetz, das heute die oberösterreichische Seenlandschaft dem Verkehr öffnet und dem Autoreisenden zahlreiche Durchfahrtsmöglichkeiten durch das Salzkammergut bietet". Und auch das Mühlviertel, „die oberösterreichische Landschaft, die sich am spätesten dem Verkehr geöffnet hat", sei mittlerweile gut erschlossen. „Ein dichtes Netz vorzüglicher Straßen überspannt heute auch das oberösterreichische Granitland und enthüllt Bilder von stiller Schönheit. [...] Bis ins Herz

25 „Anfang der Motorisierung", in: lentia.at/anfang-der-motorisierung, zuletzt aufgerufen am: 5.12.2023.

26 „Erster oberösterreichischer Fremdenverkehrstag", in: *Der Fremdenverkehr*, Nr. 16, 21.4.1912, S. 11.

27 ÖGHK-Österreichische Gesellschaft für historisches Kraftfahrwesen. Online-Archiv, in: austria-motorveterans.at/archiv, zuletzt aufgerufen am: 5.12.2023

Hans Wöhrl, ***Autobahnabfahrt Regau***, um 1965, Fotografie, 18,1 × 23,1 cm, Nordico Stadtmuseum Linz, Inv.-Nr. D 470

des heute noch vielfach unangetasteten alten Nordwalds, bis an den Fuß des Plöckensteins und seine Seen, in die Landschaft Adalbert Stifters führen vielbefahrene Autostraßen. Einzigartige Aussichtspunkte wie Kirchschlag, St. Thomas am Blasenstein, der Hansberg, Pfarrkirchen sind dem Autoverkehr zugänglich."[28]

Für die Nationalsozialisten war der Straßenbau ein zentrales ideologisches Projekt, das im Verhältnis zum äußerst geringen Motorisierungsgrad mit einem Übermaß an finanziellen und propagandistischen Ressourcen ausgestattet wurde.[29] Vor allem bei der Konzeption der Reichsautobahnen ging es um die Herstellung einer ganz spezifischen – völkischen – Wahrnehmung von Landschaft. Der für die landschaftsräumliche Einbettung des Straßenprogramms zuständige Münchner Architekt Alwin Seifert war in der Wandervogel-, Heimat- und Naturschutzbewegung aktiv gewesen und schon in den 1920er-Jahren offen antisemitisch eingestellt. Als Straßenplaner bleibt er ganz „Wandervogel", wenn er bei seiner Argumentation für die „schwingende Linie" des Straßenbandes davon schwärmt, wie die kurvig geführte Straße über Hügel, Berg und Tal führt: „Werke vollkommener Harmonie zwischen technischer Zweckerfüllung, Landschaftszugehörigkeit und Volksverbundenheit"[30] hatte er im Sinn.

Inszeniertes Autowandern für das Volk

Unbekannt, ***Erholung am Flussufer***, Familie mit KdF-Wagen, NS-Propagandabild, 1939, Fotografie, Deutsches Bundesarchiv

Der Landschaftseindruck wurde höher bewertet als die Funktion der Straße als Verkehrsträger – speziell in gebirgigen Regionen. So wurde bei der (nicht realisierten) Konzeption der Autobahntrasse Salzburg–Linz–Wien durch das Salzkammergut eine ungünstigere Linie in Kauf genommen, um einen besseren Blick auf den Mondsee und andere Salzkammergutseen zu ermöglichen.[31]

In der Nachkriegszeit wurden leitende Thesen und Persönlichkeiten der nationalsozialistischen Verkehrsplanung übernommen, wodurch sich deren ästhetische Ideale in vielen Bereichen über die Jahrzehnte und teils bis heute halten konnten. So ergibt sich eine Traditionslinie, die von den romantisch-völkischen Wander- und Naturbewegungen über das NS-Ausflugs- und Reiseprogramm *Kraft durch Freude (KdF)* mitsamt *KDF-Wagen*[32] bis in die Gegenwart führt. Das zeigt sich nicht zuletzt im heute noch verbreiteten Kulturverständnis

28 Pfeffer, Franz: „Oesterreich – das Reiseland der Motortouristen", in: *Automobil- und Motorrad-Zeitung*, Nr. 13, 25.6.1937.

29 Vgl. Zeller, Thomas: „Vom Landschaftsgenuss zur Schadensvermeidung. Straßen- und Autobahnlandschaften im historischen Wandel", in: Landesarchiv-Baden-Württemberg (Hrsg.): *Kulturlandschaft Autobahn*, Stuttgart 2011, S. 16.

30 Seifert, Alwin (1934), zitiert bei: Schütz, Erhard und Gruber, Eckhard: *Mythos Reichsautobahn: Bau und Inszenierung der „Straßen des Führers" 1933–1941*, Berlin 1996, S. 124.

31 Zeller, Thomas: *Straße, Bahn, Panorama. Verkehrswege und Landschaftsveränderungen in Deutschland von 1930 bis 1990*, Frankfurt 2002, S. 165.

32 Der *KdF-Wagen*, Vorläufer des *VW Käfer*, blieb leeres, propagandistisches Versprechen, mehr als 300 000 „KdF-Sparer" zahlten dafür ein, ohne ihr Auto jemals zu erhalten.

des Autofahrens als Freizeitbeschäftigung, als touristisches Projekt zur Erschließung von Landschaft. Eine konkrete planerische Nachwirkung lässt sich für Österreich unter anderem auch in der Konzeption der Tauernautobahn nachweisen. Bei diesem Großprojekt der 1970er-Jahre stand die touristisch motivierte Präsentation eines heimatlich-landschaftlichen Idealbildes als Planungsziel im Vordergrund.

Mit dem Aufschwung der Nachkriegsjahre setzt die Massenmotorisierung voll ein: Gab es um 1950 noch rund 5 000 Pkw in Oberösterreich, waren es zehn Jahre später schon mehr als 50 000, 1970 wurden dann knapp 190 000 gezählt, 1980 rund 370 000 (derzeit sind in Oberösterreich knapp eine Million Pkw zugelassen).[33] Die Begeisterung für die neue automobile Erfahrung spiegelt sich in der häufigen gemeinsamen Darstellung von Landschaft und Autostraße in touristischen Werbematerialien, auf Ansichtskarten, aber auch im Film, wobei alpinen Kulissen besondere Bedeutung zukommt. Mit diesen medialen Repräsentationen der automobilen Erschließung von Naturlandschaft korrespondieren private Dokumente, etwa Fotoalben oder Reiseberichte.[34] Im „Erfahren" der Landschaft – und besonders der Berge – fand sich der wirtschaftliche und soziale Aufschwung der Nachkriegsjahre bestätigt. Das Gefühl von Aufstieg und Freiheit konnte mit dem neu erworbenen Kraftwagen Kehre für Kehre, Meter um Meter ganz persönlich nachvollzogen werden.[35]

Hannes Moser, ***Mit dem Auto ins Grüne***, 1969, Fotografien, Privatbesitz

Sommerfrische im Rückspiegel

Der Mindesturlaubsanspruch von zwei und später drei Wochen und die Arbeitszeitverkürzung mit dem Übergang zur fünftägigen Arbeitswoche bieten in den 1950er- und 1960er-Jahren sukzessive größere Zeitfenster für die Flucht aus dem städtischen Alltag. Die neue Errungenschaft des langen Wochenendes lockt viele in die regionale Umgebung, von Linz aus bevorzugt ins Mühlviertel oder ins Salzkammergut – per Bahn oder Bus und immer häufiger mit dem eigenen Auto.

Mit der Massenmotorisierung werden nicht nur Alpenlandschaften wie das Salzkammergut oder die Großglockner-Panoramastraße zum Fixbestandteil touristischer Konsumkultur, vor allem rücken die Sehnsuchtsräume südlich der Alpen – die Adria, Italien – dank privatem Pkw in individuell erreichbare Nähe.

So behauptet sich im Lauf der Nachkriegsjahrzehnte neben dem etablierten Wandertourismus – mit all seinen Affinitäten zur Sommerfrische früherer Tage – der Strandtourismus als neue Leitform des Reisens. Diese Tendenz verstärkt sich noch mit dem Aufkommen und dem steten Ausbau des internationalen Flugreiseverkehrs. Ausländische und immer fernere Destinationen werden für immer größere Teile der Gesellschaft erschwinglich, wobei

33 Kraftfahrzeugstatistik Land Oberösterreich, in: land-oberoesterreich.gv.at, zuletzt aufgerufen am: 5.12.2023.

34 Vgl. Pagenstecher, Cord: „Die Automobilisierung des Blicks auf die Berge. Die Glocknerstraße in Bildwerbung und Urlaubsalben", in: Busset, Thomas/Lorenzetti, Luigi/ Mathieu, Jon (Hrsg.): *Tourismus und kultureller Wandel*, Zürich 2004, S. 245–264.

35 Vgl. Tschofen, Bernhard: „Das Glockner G", in: Oberösterreichische Landesmuseen (Hrsg.): *Dinge des Alltags. Objekte zu Kultur und Lebensweise in Österreich seit 1945*, Linz 2003, S. 17.

Franz Michalek, ***Autofetisch***, 1959,
Fotografie, 12,3 × 14,8 cm, Nordico Stadtmuseum Linz, Inv.-Nr. NA-032433

„Fly AUA to Upper Austria“, um 1970,
OÖLA, Plakatsammlung, Signatur 1978

Linz mit dem Flughafen Hörsching beziehungsweise mit der Bahn-Direktverbindung zum Flughafen Wien-Schwechat (derzeit in 1 h 40 min) in dieser Hinsicht bestens ins globale Flugverkehrsnetz eingebunden ist.

Der Radius für die Erholungsreise, für eine kleine bis größere Auszeit von der Stadt, hat sich in den vergangenen rund 200 Jahren kontinuierlich ausgeweitet. Mit dem Zuwachs an verkehrstechnischer Reichweite und Geschwindigkeit vermehrten sich die Sehnsuchtsorte. Der kapitalistische Verbrauch der „Welt" befeuert den Bedarf an „Gegenwelten". So expandierte der touristische Konsum des Raums – von der Stadt in die Region, in immer weiter entfernte Landstriche, letztlich über den gesamten Globus.

In den vergangenen Jahrzehnten ist aber auch eine gegenläufige Tendenz zu beobachten: Das wachsende Bewusstsein für den Klimawandel trägt dazu bei. Sommerliche Hitzewellen bringen gerade die Bewohner*innen in den dicht bebauten und versiegelten Großstädten an die Grenzen der Belastbarkeit. Viele haben zudem das Bedürfnis, den problematischen Entwicklungen aktiv zu begegnen, klimaschonend zu konsumieren und zu reisen, auf Flug- und Autodestinationen zu verzichten. Der Begriff der „Sommerfrische" gewinnt in diesem Kontext wieder an Bedeutung. Stadtnahe Erholungsräume rücken wieder in den Fokus – und damit auch die traditionellen Sommerfrische-Orte der Region.

Vergleiche man die Ursachen für den Sommerfrischenboom um 1900 und heute, so der Wiener Stadtforscher und Historiker Peter Payer, dann zeige sich, dass ähnliche Faktoren eine Rolle spielten: „eine ausgeprägte Welle der Urbanisierung und Modernisierung, die zunehmende Beschleunigung und Verdichtung des Alltagslebens, der flächendeckende Ausbau von Verkehrs- und Kommunikationsnetzen (früher Eisenbahn, heute Internet) – und als Gegentrend: die anhaltende Sehnsucht nach Entschleunigung."[36]

Franz Michalek, ***Westumfahrung, Ostumfahrung***, 1968,
Fotografie, 16,5 × 12 cm, Nordico Stadtmuseum Linz, Inv.-Nr. NA-045025

36 Payer 2018 (s. Anm. 20), S. 103.

Helmut Partaj, ***Gasthof „Schwarzer Adler", Haslach***,
Postkarte, Nordico Stadtmuseum Linz, Inv.-Nr. NA-062456

Unbekannt, ***St. Veit (Mühlkreis) Hundedenkmal***,
Postkarte, Nordico Stadtmuseum Linz,
Inv.-Nr. NA-066183

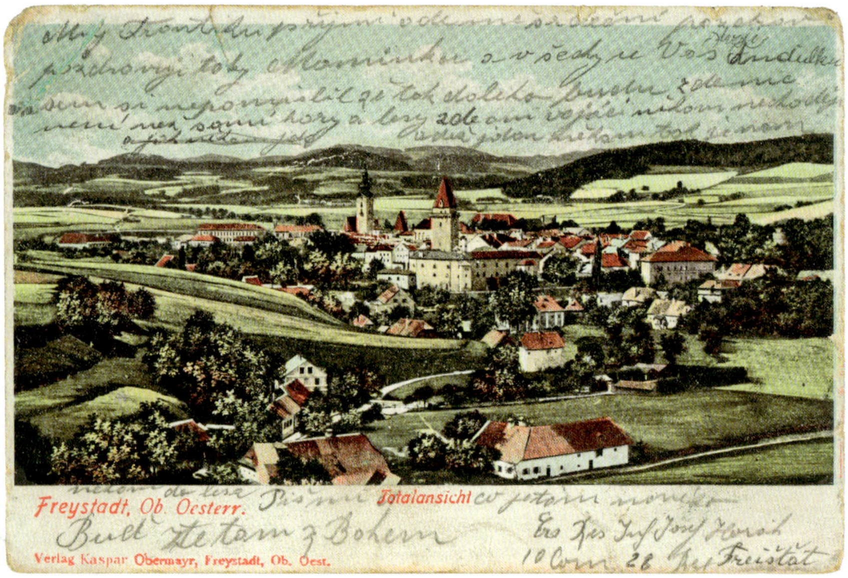

Verlag Kaspar Obermayr, ***Freystadt, Ob. Oest., Totalansicht***, 1904,
Correspondenz-Karte, Nordico Stadtmuseum Linz,
Inv.-Nr. NA-066184

Verlag Johann Saska, ***Grein a. d. Donau. Ob-Österr.***, 1912,
Postkarte, Nordico Stadtmuseum Linz, Inv.-Nr. NA-066182

Johann Brunthaler, ***Lichtenberg, Giselawarte 926 m, Kuhenöd***, 1903,
Correspondenz-Karte, Nordico Stadtmuseum Linz,
Inv.-Nr. NA-061616

Johann Brunthaler, ***Grüsse aus Gramastetten, Giselawarte, Kirchschlag, Pöstlingberg bei Linz***, 1900,
Correspondenz-Karte 592.00, Nordico Stadtmuseum Linz,
Inv.-Nr. NA-062040

Ferdinand Nenning, ***Schenkenfelden***, 1912,
Ansichtskarte, Nordico Stadtmuseum Linz,
Inv.-Nr. NA-062111

Franz Reingruber, ***Motiv aus Aigen, Ob.-Öst.***, o. D.,
Ansichtskarte, Nordico Stadtmuseum Linz,
Inv.-Nr. NA-063975

Ferdinand Nenning, ***Gramastetten Ob.-Oest.***, 1912,
Ansichtskarte, Nordico Stadtmuseum Linz,
Inv.-Nr. NA-062073

Karl Schwidernoch, ***Gruß aus St. Peter am Wimberg O.Ö., Ruine Pürnstein***, 1899,
Correspondenz-Karte, Nordico Stadtmuseum Linz,
Inv.-Nr. NA-066027

Ferdinand Nenning, ***Kirchschlag bei Linz, Ob.-Oestr.***, 1912,
Ansichtskarte, Nordico Stadtmuseum Linz,
Inv.-Nr. NA-062081

Alois Schwarz, ***Ottensheim, Schloss Ottensheim, Raddampfer***, 1938,
Ansichtskarte, Nordico Stadtmuseum Linz,
Inv.-Nr. NA-045583

Ferdinand Nenning, ***Gramastetten Ob.-Öst., Rodlpartie***, 1910,
Ansichtskarte, Nordico Stadtmuseum Linz,
Inv.-Nr. NA-062066

Josef Weilnböck, ***Mühltal bei Neufelden, O.=Oesterr.***, um 1904,
Correspondenz-Karte, Nordico Stadtmuseum Linz,
Inv.-Nr. NA-063992

Ferdinand Nenning, ***Rottenegg***, 1912,
Ansichtskarte, Nordico Stadtmuseum Linz,
Inv.-Nr. NA-062107

Ferdinand Nenning, ***Gruss von der Jubiläumswarte am Sternstein bei Leonfelden Ob.Öst., Höhe 1125 m***, um 1910, Correspondenz-Karte, Nordico Stadtmuseum Linz, Inv.-Nr. NA-0620912

Alois Schwarz, ***Oberneukirchen, Ruine Lobenstein***, 1938, Foto/Ansichtskarte, Nordico Stadtmuseum Linz, Inv.-Nr. NA-045561

A. Adoph, ***Gruß vom Dreisessel 1332 m***, um 1910, Ansichtskarte, Nordico Stadtmuseum Linz, Inv.-Nr. NA-066154

J. E., ***Stölzlmühle in Putzleinsdorf***, 1919,
Aquarell, 6 × 18 cm, Nachlass Gottfried Lohr, Krems

Unbekannt, ***Stölzlmühle in Putzleinsdorf***, Juli 1950,
Fotografie, 6 × 9 cm, Privatbesitz

Unbekannt, ***Stahlmühle in Haslach an der Mühl***, vor 1902,
Fotografie, Privatbesitz

Margareta Moser

Familientreffen – Sommerfrische bei Verwandten im Oberen Mühlviertel

Meine Mutter Maria Moser (geb. Schweitzer) wird 1901 in Putzleinsdorf im Oberen Mühlviertel als zweites von sechs Kindern des Ehepaares Maria und Anton Schweitzer geboren. Die Familie betreibt die Stölzlmühle, deren Bestehen bis ins Jahr 1570 zurückverfolgt werden kann. Maria erlernt die wirtschaftliche Haushaltsführung in der Küche des Linzer Kolpinghauses. Hier macht sie die Bekanntschaft mit Johann Moser, der während seiner Ausbildung bei den Österreichischen Bundesbahnen im Gesellenhaus Logis nimmt. Die beiden heiraten 1931 und erwerben ein Haus mit Garten in Scharlinz. In den kommenden Jahren werden die Kinder Hannes (1933), ich, Margareta, (1934), Edmund (1935) und Gerhard (1940) in Linz geboren.

Die Geschwister meiner Mutter bleiben auch nach erlerntem Beruf, Familiengründungen und topografischer Trennung eng miteinander verbunden. Die Sommerferien werden für längere Aufenthalte im Mühlviertel genützt, wo man einander gerne begegnet. Treffpunkt der Sommerfrischen-Aufenthalte ist das Elternhaus, die Stölzlmühle in Putzleinsdorf, die von meinem Onkel Franz Schweitzer als Müller weitergeführt wird. Auch die Stahlmühle in Haslach ist ein weiterer Bezugsort. Die jüngste Schwester meiner Mutter, Rosa, heiratet 1928 Julius Koblmiller, den Betreiber der traditionsreichen Ölmühle.

Während der Sommermonate bietet die Große Mühl Möglichkeiten für ein erfrischendes Naturbad, besonders das Wehr der Stahlmühle erlaubt abwechslungsreiches Badevergnügen. Das Paddelboot ist bei den Buben sehr beliebt. Die sechs Koblmiller-Cousinen und Cousins Marianne, Franz, Burgi, Grete, Gunther und Robert sind zudem wunderbare Spielgefährt*innen. Gemeinsam mit ihnen ist alles vertraut: die Menschen, die Tiere, die Landschaft, der Geruch. Durch diese intensiven Erlebnisse entsteht ein anderes Zeitgefühl. Obwohl wir in Linz einen Garten mit Obstbäumen und Gemüsebeeten haben, erlebe ich dort die Natur, die Weite der Landschaft, den Blick in die Ferne und unmittelbare Umgebung völlig anders. Bei schlechtem Wetter verbringen wir Zeit im romantischen Gartenhäuschen mit den Birkenholzeinfassungen.

In Putzleinsdorf leben die beiden ledigen Schwestern meiner Mutter, die uns Kinder verwöhnen. Berta ist Köchin bei Pfarrer Fuchs und Martha ist Arbeitslehrerin. Von ihr habe ich das Handarbeiten gelernt, das später auch meine Berufung wird. Ausflüge und Wanderungen zur Ameisberg-Aussichtswarte oder zur Wallfahrtskirche Maria Bründl bieten eine schöne Abwechslung.

Den längsten Aufenthalt in der Stölzlmühle verbringen wir Kinder gemeinsam mit unserer Mutter während des Zweiten Weltkriegs 1944. Ein Teil des Linzer Hausrats wird übersiedelt, da der Aufenthalt in Linz zu gefährlich und die Versorgung mit Lebensmitteln immer schwieriger wird. Am Land ist davon für uns Kinder wenig zu spüren und ich habe die Zeit in guter Erinnerung. Meine besondere Vorliebe für Sauerkraut und Erdäpfel stammt daher.

In den 1970er/1980er-Jahren mietet mein in der Nähe von Wien lebender Bruder Hannes regelmäßig ein Haus in Neudorf an der Haslacher Bezirksstraße. Neben Urlauben in Italien verbringt er hier mit seiner Familie Zeit, die Stahlmühle mit ihren Pferden bietet eine Attraktion. Er versteht es, die Geschwister bei gemeinsamen Unternehmungen zu vereinen. Lose Treffen finden weiterhin, wenngleich in größeren Abständen, in der Stölzlmühle statt, aber auch beim Schloßwirt in Lichtenau bei Haslach. Cousine Marianne führt mit ihrer Familie das gutbürgerliche Wirtshaus mit lokalen Spezialitäten. Hier trifft sich die Familie jährlich zum Geburtstag unseres Vaters.

Heute ist die Stölzlmühle verkauft, die Stahlmühle wird von einer neuen Generation weitergeführt, aber wir Cousinen sind immer noch gerne miteinander in Kontakt.

Unbekannt, ***Gottfried Lohr und Robert Koblmiller im Paddelboot, Stahlmühle, Haslach an der Mühl***, 1952, Fotografie, 6 × 9 cm, Nachlass Gottfried Lohr, Krems

Unbekannt, ***Gartenhaus der Stahlmühle, Haslach an der Mühl***, 1936,
Fotografie, 5,5 × 8 cm, Nachlass Gottfried Lohr, Krems

Hannes Moser, ***Mit dem Auto ins Grüne***, 1967,
Fotografie, Privatbesitz

Unbekannt, ***Familienporträt Maria und Johann Moser mit Kindern***, 1943,
Fotografie, 9 × 6 cm, Privatbesitz

Unbekannt, ***Souvenir-Vase Putzleinsdorf***,
Porzellan, DM 6 cm, H 10,5 cm,
Nordico Stadtmuseum Linz, Inv.-Nr. O 1158

Unbekannt, ***Ausflug zur Ameisbergwarte***, 1947,
Fotografie, 6 × 9 cm, Nachlass Gottfried Lohr, Krems

Johanna Rachinger

Sommerfrische in Putzleinsdorf

Sommerfrischler*innen gehörten wie schon seit Jahrzehnten davor auch während meiner Kinder- und Jugendzeit in den 1960er- und 1970er-Jahren zum vertrauten Bild in meinem Heimatort Putzleinsdorf im Oberen Mühlviertel. Quartiergeber*innen und auch viele andere Leute im Ort freuten sich über die Gäste, brachten sie doch alljährlich ein wenig Abwechslung in den Alltag und einen interessanten Hauch von (Groß-)Stadt mit.

Nicht nur aus Linz reisten Alleinstehende, Ehepaare oder Familien mit Kindern an, um für oft mehrere Wochen Quartier in gutbürgerlichen Gasthöfen oder bei Privatvermieter*innen zu nehmen. Schon seit der Zwischenkriegszeit kamen auch Gäste aus dem fernen Wien, die die erholsame Landschaft, den schönen Marktflecken und die moderaten Preise zu schätzen wussten. Die Gästezimmer waren bescheiden, aber zweckmäßig eingerichtet; Luxus wurde durch gute Kost und herzliche Aufnahme mit selbstverständlich gewährtem Familienanschluss ersetzt.

Zuweilen entstanden Jahrzehnte und Generationen überdauernde Freundschaften zwischen Einheimischen und Gästen. Vor allem für Kinder brachten Sommerfrischler*innen manchmal Geschenke mit: ein Buch oder das eine oder andere schöne Kleidungsstück etwa, aus dem ihre Sprösslinge herausgewachsen waren. Ich bekam als Mitbringsel einmal ein in feines Seidenpapier verpacktes, wunderbar duftendes Stück Seife. Lange Zeit roch ich nur daran, ehe ich es irgendwann dann doch zum Waschen benutzte.

Während des Zweiten Weltkriegs 1938 bis 1945 war an Sommerfrische nicht zu denken gewesen, doch selbst in dieser Zeit kamen – wie ich aus Erzählungen weiß – Menschen von weither in meinen Heimatort: Evakuierte aus deutschen Großstädten, die Schutz vor Hunger und Bombenhagel suchten.

Unter die Stammgäste, die nach dem Krieg wieder nach Putzleinsdorf zurückkehrten, mischten sich Ende der 1950er-Jahre allmählich auch andere Erholungssuchende. Familien aus Berlin zum Beispiel, die dann ebenfalls viele Jahre kamen. Sprachbarrieren gab es kaum oder sie wurden rasch überwunden. Einmal stieg im elterlichen Gasthaus für ein paar Tage ein älteres französisches Ehepaar ab: Es konnte nur ein paar Worte Deutsch, wir kein einziges Wort Französisch – aber mit Händen und Füßen klappte die Verständigung trotzdem ganz gut.

Mit Wirtschaftsaufschwung und wachsendem Wohlstand änderten sich allmählich die Urlaubsgewohnheiten: Erholungssuchende wurden zunehmend mobil – stillten mit Busreisen oder schon dem eigenen Auto das Fernweh nach anderen schönen Plätzen in Österreich oder erfüllten sich sogar den Traum von einem Badeurlaub in Italien.

Carl Otto Hayd, ***Gruß aus Putzleinsdorf, Bründl***, 1898,
Correspondenz-Karte 1212, Nordico Stadtmuseum Linz, Inv.-Nr. NA-063977

So endete nach und nach auch in Putzleinsdorf die Tradition der klassischen wochenlangen Sommerfrische. In der Erinnerung mancher Ortsbewohner*innen leben aber diese Zeiten noch fort. Über einige Sommerfrischler, die später prominent und allgemein bekannt wurden, erzählt man sich bis heute Anekdoten: etwa den späteren Handelsminister Dr. Fritz Bock, über Fernsehmoderator Günter Tolar oder Schauspieler und Publikumsliebling Heinz Marecek. Von Letzterem berichtete eine ältere Putzleinsdorferin gern mit leuchtenden Augen und einer gewissen Begeisterung: „Er war ja soooo ein schlimmes Kind!" Eine offenbar schöne und aufregende Jugenderinnerung für sie, die wohl stets ein braves Kind sein musste.

Nakel, ***Putzleinsdorf, Ameisbergwarte***, um 1965,
Fotografie/Ansichtskarte, Nordico Stadtmuseum Linz, Inv.-Nr. NA-062435

1902 wurde ein Verein gegründet, um die 24 m hohe Warte auf dem 940 m hohen Ameisberg zu errichten, ein Anziehungspunkt für den aufkeimenden Tourismus in der Region.

Josef Seidel, ***Touristenhaus Holzschlag, Bahnstation Aigen-Schlägl***, um 1930,
Ansichtskarte, Nordico Stadtmuseum Linz, Inv.-Nr. NA-066170

Unbekannt, ***Trude, Luise, Anna und Ludwig Wöss***, um 1939,
Fotografie, Privatbesitz

Nikolaus Benke

„Tief drin im Böhmerwald“[1] – Holzschlag als Ort der Erholung

Meine Großeltern mütterlicherseits, Anna und Ludwig Wöss, betrieben ab 1926 bis kurz nach dem Zweiten Weltkrieg in Holzschlag am Hochficht eine Pension mit Gasthaus, die sie vom Stift Schlägl gepachtet hatten. Bis heute dient das Haus Zwecken des Fremdenverkehrs, derzeit unter der Bezeichnung „Ereignishaus Holzschlag“. Es ist gute acht Straßenkilometer von Ulrichsberg entfernt, gute sieben von Klaffer und etwa fünfzehn von Aigen im Mühlkreis. Ich selbst habe Holzschlag wiederholt besucht, das Haus aber nie betreten. Was ich über das Haus in Holzschlag weiß, haben mir meine Großmutter, meine Mutter Trude und ihre Geschwister Anna, Luise und Ludwig erzählt.

Ich erinnere ich mich an eine Szene, sie muss sich Ende der 1950er-Jahre zugetragen haben. Meine Großmutter richtete das von ihr gekochte Mittagessen in Tellern an, deren Form mich verblüffte: Sie waren als breite Rechtecke mit abgerundeten Ecken gestaltet und hatten zwei Stege, welche die Fläche in einen größeren und zwei kleinere Bereiche unterteilten. Ich äußerte meine Verwunderung über diese Form, die ich noch nie gesehen hatte. Meine Großmutter sagte, „die sind aus unserem Gasthaus“, und erklärte mir den Zweck der Zonenteilung, nämlich die Hauptspeise von den Beilagen zu trennen.

Aus meiner Erinnerung nenne ich zehn Wesensmerkmale, von denen die Erzählungen meiner Verwandten über das Oberste Mühlviertel und seine Menschen geprägt gewesen sind: die Landschaft urtümlich, waldreich, rau, entlegen, magisch; ihre Bewohner*innen fleißig, genügsam, heimatverbunden, ungekünstelt, lebensfroh. Schauen wir heute zurück, so treten zwei Fragen auf: Wie sehr haben die genannten Zuschreibungen der Wirklichkeit dieser Landschaft und dieser Gesellschaft entsprochen, und inwiefern haben sich die Region und ihre Menschen mittlerweile verändert?

Folgende Zitate stammen aus der Erinnerung meiner Tante Luise Eybl, geborene Wöss, im Titel von Elisabeth Schiffkorns Aufzeichnungen „Holzschlag-Loisi“ genannt.[2]

1 „Tief drin im Böhmerwald“ ist die erste Zeile des Böhmerwaldliedes von Andreas Hartauer (1839–1915).

2 Schiffkorn, Elisabeth: *Das Wirtshaus am Hochficht im Böhmerwald. Die Holzschlag-Loisi erzählt ...*, Linz 2005.

Ludwig Haase, ***Gruß aus Aigen, Ob.-Öst.***, o. D., Ansichtskarte, Nordico Stadtmuseum Linz, Inv.-Nr. NA-063974

Über die Gegend:

„Ich war so gerne im Böhmerwald. Ich dachte, ich würde sterben, als ich von dort wegmusste. Auch den Hochficht, das ist ein Berg bei Holzschlag, 1 337 m hoch, vermisste ich in der Fremde. Die Sehnsucht nach Holzschlag verließ mich mein ganzes Leben lang nicht.“[3]

Über die Besucher*innen:

„Im Sommer fuhren einige Familien aus Wien und Linz zu uns, um ihre Ferien hier zu verbringen. Sie waren uns als Stammgäste bereits ans Herz gewachsen. Eine Fahrt nach Linz mit der Mühlkreisbahn bedeutete für alle eine Tagesreise.“[4]

„Viele Gäste kamen ausschließlich in der Schwammerlzeit. Manche besuchten den Hochficht nur, wenn die Buchen ‚ausschlugen‘. Sie waren der Meinung, in dieser Zeit wäre der Böhmerwald am schönsten. Wir hatten jahrelang die gleiche Kundschaft. Sie reservierten Jahr für Jahr für dieselbe Zeit dieselben Quartiere. Meine Mutter schrieb ihre Wünsche auf und teilte die Zimmer ein. Mein Vater holte die Gäste von der Bahn mit dem Pferdewagen ab.“[5]

„Für die Ausflugsgäste gab es eine billige Jause. Wir machten ‚meterweit‘ Faschiertes, dazu ein gutes selbstgebackenes Brot und Senf.“[6]

---

3 Ebd., S. 14.

4 Ebd., S. 38.

5 Ebd., S. 40.

6 Ebd., S. 38.

Über die Familie:

Unbekannt, *Kellnerin und Kindermädchen Rosa, Anna, Ludwig, Luise, Trude und Ludwig Wöss*, 1937,
Fotografie, Privatbesitz

„Wir drei Wöss-Schwestern: Trude, Anna und ich, Luise – die Mittlere, 1926 geboren, wir sangen alle gerne. Unser Bruder Ludwig begleitete den Gesang von uns Schwestern mit Gitarre und Ziehharmonika. Er ist der jüngste von uns Geschwistern. Die Instrumente hingen in der Wirtsstube und wenn jemand kam, dann sangen wir, Vater Wöss den Bass, Mutter die zweite Stimme. Langweilig wurde es unseren Gästen nie."[7]

„Unsere Mama kochte vorzüglich. Das sprach sich herum. Vor Weihnachten legte sie einen Vorrat an Mehlspeisen an. Wir hatten ein Zimmer, an dessen Wänden sich Stellagen befanden. Darauf lagerten die Schaumrollen, Sachertorten oder Cremeschnitten. Diese Mehlspeisen waren im Böhmerwald bis dahin unbekannt. Meine Mutter brachte [...] die Wiener Küche in den Böhmerwald."[8]

„Wir betrieben in der Familie eine perfekte Arbeitsteilung. Für die Wirtschaft waren meine Mutter und wir drei Mädeln zuständig, außerhalb des Hauses erledigte viele Dinge mein Vater."[9]

Unbekannt, *Trude und Anna Wöss (mit Kaninchen), Leopold Rosenmayr, Luise Wöss, Franz Rosenmayr (mit Kaninchen)*, um 1934,
Fotografie, Privatbesitz

„Mein Vater war der Ansicht, dass wir keine Freizeit brauchten, weder meine Mutter noch wir Kinder. Wir hatten nie Freizeit, wir hatten nur unsere Arbeit zu verrichten. Und wenn es hieß: ‚Loisi mach' das' oder ‚Annerl mach' jenes', andere Kinder hätten vielleicht geantwortet: ‚Jetzt nicht, ich muss meine Aufgaben machen' – wir dachten nicht daran. Wenn unser Vater etwas anschaffte, dann gab es keine Widerrede, wir waren trotzdem gute Schüler."[10]

„Einmal im Jahr ging unser Vater mit uns zum Plöckensteinersee. Im Gastgarten durften wir so viele Würstel essen, wie wir wollten. Das war für uns Kinder eine Sensation."[11]

„Die Preiselbeeren mussten wir tagelang ausklauben. Wir kochten sie im Waschkessel und füllten das Kompott in Fünf-Liter-Gläser. Zu jedem Kaiserschmarren oder Schnitzel, je nach Gusto, servierten wir die Preiselbeeren. Weil es zum Fleisch gereicht wurde, durfte es nicht zu süß sein. Wir verwendeten daher pro Kilo Preiselbeeren nur ein Viertelkilo Zucker."[12]

„In Holzschlag kochten wir literweise Heidelbeeren ein. Wir füllten sie in große Gläser ab. Auch getrocknete Heidelbeeren verwendeten wir, denn Tiefkühlmöglichkeiten gab es noch keine."[13]

„Wir kauften alle Lebensmittel auf, die uns aus der Umgebung angeboten wurden, so groß war der Bedarf unseres Gasthauses. Den Bewohnern Holzschlags war geholfen und wir

---

7 Ebd., S. 14.

8 Ebd., S. 26. Anna Wöss, geb. Schweinberger, kam 1893 in der Ortschaft Hausbrunn (Bezirk Mistelbach, NÖ) zur Welt. Sie arbeitete als Köchin in Wien, lernte dort meinen Großvater kennen. Nach kurzen Lebensphasen in Wien und Lichtenberg übernahmen die Großeltern das Haus in Holzschlag.

9 Ebd., S. 82.

10 Ebd., S. 86.

11 Ebd., S. 100.

12 Ebd., S. 46.

13 Ebd., S. 46.

Ludwig Haase, ***Aus dem Böhmerwald***, 1908, Ansichtskarte, Nordico Stadtmuseum Linz, Inv.-Nr. NA-063990

sparten uns den weiten Weg zum Einkaufen nach Klaffer oder Ulrichsberg. Rahm holten wir manchmal von einem Bauern aus der Umgebung, sonst versorgten uns die ‚Holzschlagler'. In der Saison brachte Frau Autengruber aus Hintenberg jede Woche frische Eier und lebende Hühner im Buckelkorb."[14]

Die familiäre Verbundenheit gebot es, Verwandte, die während des Jahres in Wien lebten, im Sommer freigebig zu beherbergen und zu verköstigen.

„Es waren die Verwandten meines Vaters, so musste er sich stets von seiner besten Seite zeigen. Sie verbrauchten sehr viel frische Wäsche, sodass wir immer einen Berg extra zu waschen hatten."[15]

Über Holzarbeiter, Dienstboten, Bauern:

„Erst unlängst sprach ich mit einem alten Herrn, der mir erzählte, dass die Holzarbeiter oft monatelang keine Bezahlung bekommen hätten. Es muss für die Familien furchtbar gewesen sein, bis zu vierzehn Personen im Haus und nichts zu essen."[16]

„Dienstleistungen für die Gäste waren unter den Bewohnern von Holzschlag sehr begehrt. Das brachte ihnen ein wenig Geld ein. Die Gäste brachten den Holzhackern und ihren Kindern auch Kleider mit. [...] Sie brachten alle ihre abgelegten Sachen für die Bewohner von Holzschlag mit."[17]

„Außer dem Beerenpflücken gab es noch andere Verdienstmöglichkeiten für die Leute aus der Umgebung. Über einige Jahre kaufte mein Vater Schwammerl auf. Wir räumten ein

14 Ebd., S. 96.

15 Ebd., S. 48.

16 Ebd., S. 68.

17 Ebd., S. 98.

F. E. Brandt, ***Aigen Schlägl, Ob.-Öst.***, 1924, Ansichtskarte, Nordico Stadtmuseum Linz, Inv.-Nr. NA-066171

Zimmer aus und trockneten sie dort. Es waren so viele, dass wir sie mit einer Holzschaufel umschaufeln mussten, damit sie nicht verdarben."[18]

„Von zu Hause waren alle nicht verwöhnt. Sie schätzten, dass sie bei uns arbeiten konnten und stellten keine Ansprüche. Die Kost bei uns war auf jeden Fall viel abwechslungsreicher als die, mit der sie bei den vielen Geschwistern in den Holzhackerhäuseln aufgewachsen waren."[19]

Die Art, wie Erholung gestaltet wird, spiegelt die Gesellschaft einer Epoche vielfach wider. Dies zeigt auch die vergleichende Betrachtung von Quellen zum Tourismus im Obersten Mühlviertel heute und vor knapp 100 Jahren.

Wohl keine österreichische Landschaft kann mit einem Promotor vom literarischen Rang eines Adalbert Stifter aufwarten. Adalbert Stifter hat die Eigenart und Schönheit des Böhmerwaldes mit schier unerschöpflichem dichterischem Ingenium beschrieben. Dabei ist zu vermuten, dass die bei meinen Großeltern urlaubenden Gäste aus dem Bildungsbürgertum Adalbert Stifter aus eigener Lektüre gekannt haben. Das hat sich deutlich verändert; der gegenwärtige mediale Stil, bei dem die Botschaften häufig visualisiert und extrem verknappt werden, widerstreitet dem langen und langsamen Atem Stifter'schen Schreibens.

Im Gedenken an meine Großeltern und die zu ihrer Zeit vorherrschende Idee von Erholung sei ein Satz von Adalbert Stifter über den Böhmerwald an das Ende gestellt: „Man kann hier Tagelang weilen und sinnen und kein Laut stört die durch das Gemüth sinkenden Gedanken, als etwa der Fall einer Tannenfrucht oder der kurze Schrei eines Geiers."[20]

18 Ebd., S. 106.

19 Ebd., S. 58.

20 https://www.projekt-gutenberg.org/stifter/hochwald/hochwald.html, zuletzt aufgerufen am: 2.1.2024.

Bernhard Fuchs, ***Herr Ö., St. Peter am Wimberg***, 1994,
analoger C-Print, 30,8 × 25,6 cm, Courtesy the artist

Bernhard Fuchs, ***Frau B., Dobring***, 1997,
analoger C-Print, 27,4 × 21,6 cm, Courtesy the artist

Bernhard Fuchs, ***Junge mit Fahrrad, Vorderweissenbach***, 1995, analoger C-Print, 32,5 × 25,6 cm, Nordico Stadtmuseum Linz, Inv.-Nr. D 884

Bernhard Fuchs, ***Frau mit Schaffl, Helfenberg***, 1995,
analoger C-Print, 30,6 × 25,6 cm, Nordico Stadtmuseum Linz,
Inv.-Nr. D 885

Arthur A. Floeck, ***Kaiser Franz Josef I. unterzeichnet die Stiftungsurkunde der Sarsteiner Stiftung im Beisein von Josefa und Hans Sarsteiner***, 15.7.1912,
Fotografie, Österreichische Nationalbibliothek

Unbekannt, ***Anna Lahner***, um 1920,
Fotografie, 11,5 × 18 cm, Privatbesitz

Unbekannt, ***Villa Sarsteiner, Oberes Haus***, 1937/38,
Fotografie/Ansichtskarte, 8,5 × 14 cm, Privatbesitz

Thomas Pauli

Anna Sarsteiner und ihre Sommervilla in Bad Ischl

Geboren am 19. März 1899 in Ischl als Tochter von Leopold (Salinenmeister) und Anna (Hausfrau) Lahner, geb. Seitner, absolviert Anna nach Abschluss der Bürgerschule ab 1916 eine Lehre und Ausbildung bei der Post. Eine höhere Bildung wie für ihren Bruder Leopold, der die katholische Lehrerbildungsanstalt in Linz besuchte, ist für ein Mädchen damals nicht vorgesehen und für beide Kinder schwer finanzierbar. So arbeitet Anna Lahner als Telegraphenassistentin bei der örtlichen Post, als sie am 13. Mai 1922 im Alter von 23 Jahren in der Bad Ischler Stadtpfarrkirche St. Nikolaus den sechs Jahre älteren Karl Sarsteiner heiratet und vom elterlichen Haus im Jainzendorf, auch Kaiserdorf[1] genannt, zu ihrem Mann in die Ahornstraße 15, Eglmoos, zieht. Dieser war selbst erst drei Jahre davor dort eingezogen, nachdem er das „Obere Haus“[2] von seinem Onkel Hans Sarsteiner nach dessen Tod 1918 geerbt hatte. Mit dem Haus übernommen hatte Karl Sarsteiner auch den Mieter der beiden letzten Sommersaisonen 1917 und 1918, den Komponisten Emmerich Kálmán (1882–1953). Die wirtschaftliche Lage war durch die beginnende Hyperinflation sehr schwierig und so wurde das saisonale Mietverhältnis mit Kálmán fortgesetzt und Karl Sarsteiner bezog lediglich drei Zimmer im Erdgeschoß. Da das Haus nach 20 Jahren in seiner Ausstattung nicht mehr zeitgemäß[3] ist, die finanziellen Mittel für die Adaptierung fehlen und Kálmán langfristig mieten will, einigt man sich darauf, von ihm getätigte Investitionen in das Haus mit einem Vorkaufsrecht am 27.9.1923 abzusichern. Das Verhältnis mit Kálmán ist sehr gut und so beginnt für das junge Paar eine glückliche Zeit. Trotz des gesicherten Mietverhältnisses bleiben die wirtschaftlichen Bedingungen schwierig, da die Anpassung der Miete der rasanten Inflation[4] immer hinterherläuft und nicht im gleichen Umfang realisierbar ist, in dem diese

1 Bezeichnung für die westseitig an den Kaiserpark angrenzende Ansammlung von Häusern.

2 Sommervilla zur saisonalen Vermietung neben der „Sarsteiner Villa“, dem Alterswohnsitz von Josefa und Hans Sarsteiner in der Habsburger Straße, 1898 gebaut und von ihnen lapidar „unser Oberes Haus“ genannt. Bina, Andrea/Nagl, Michaela/Pauli, Thomas: Josefa und Hans Sarsteiner. Von Bad Ischl in die Welt und die Welt bei sich zu Gast, in: John, Michael/Neiß, Herta (Hrsg.): *Sehnsucht Salzkammergut*, Böhlau Verlag, Wien/Köln 2024.

3 Emmerich Kálmán beginnt mit Adaptierungsarbeiten im von ihm gemieteten Teil des Hauses: Sanierung der Bäder, Anbau einer Frühstücksveranda ostseitig, Vertäfelungen im Vorraum, den Treppenaufgängen und einem Zimmer, Tapeten und Vorhänge. Auch ergänzte er die Ausstattung mit eigenen Möbeln, die fortan über den Winter im Haus blieben. Die getätigten Investitionen wurden in weiterer Folge mit einem Vorkaufsrecht für Kálmán am 27.9.1923 vertraglich abgesichert.

4 Für die Saison 1922 zahlte Kálmán 375 000,- Kronen (Haushaltsbuch Anna und Karl Sarsteiner 1922). In einem Gutachten, das Karl Sarsteiner dazu einholen ließ, wurde die für das Haus lukrierbare Miete für die Sommersaison 1922 mit 1 000 000,- Kronen angesetzt (*Befund und Wertschätzung des Hauses Nr.161 in Kaltenbach des Herrn Carl Sarsteiner: Bad Ischl am 26.Juni 1922 von Hans Brandl, Baumeister und Zimmermeister, ger. Beeid. Schätzmeister und Bausachverständiger, Bad Ischl).

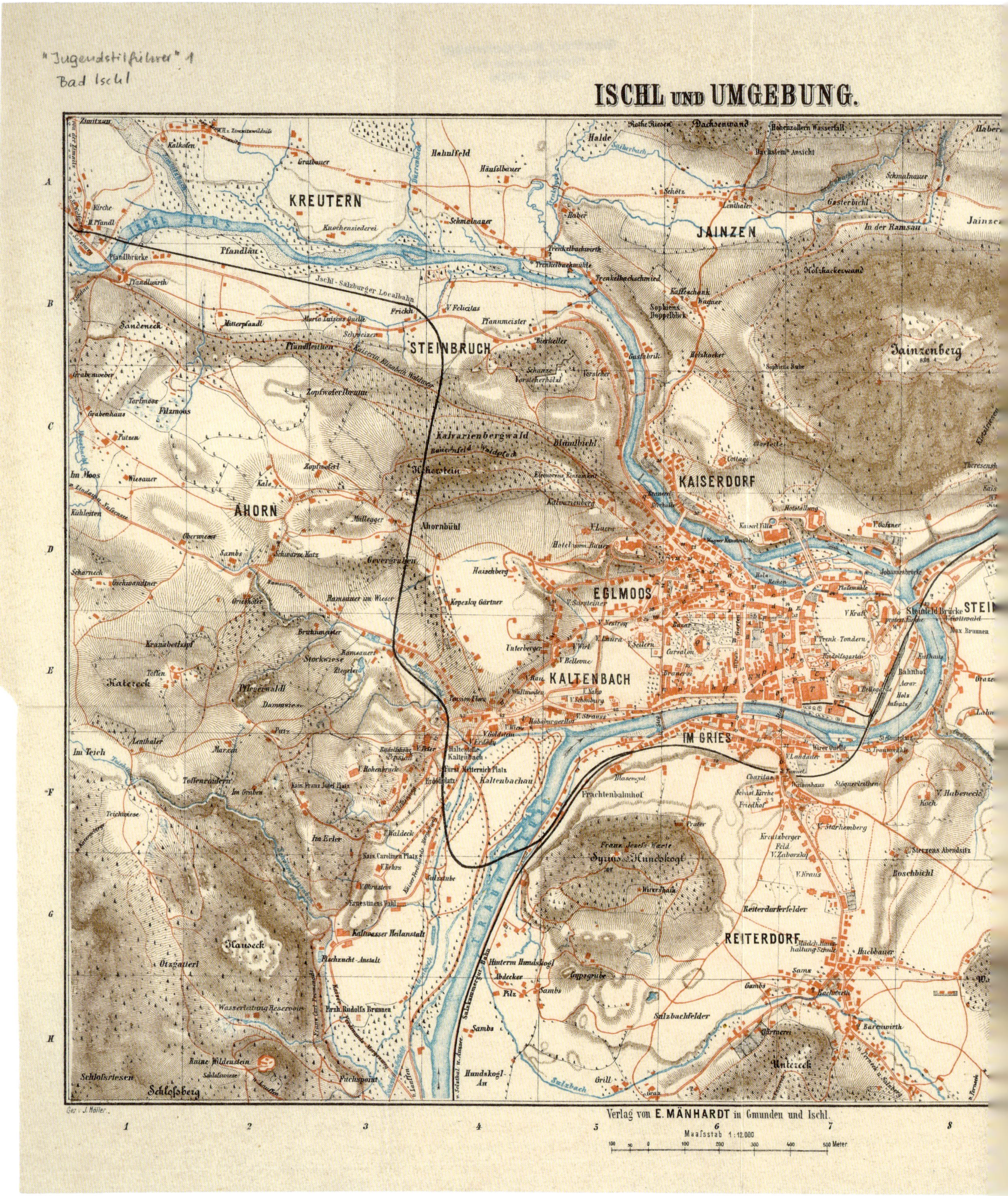
"Jugendstilführer" 1
Bad Ischl
ISCHL UND UMGEBUNG.
KREUTERN
JAINZEN
STEINBRUCH
Jainzenberg
KAISERDORF
AHORN
EGLMOOS
KALTENBACH
IM GRIES
REITERDORF
Kalvarienbergwald
Ischl - Salzburger Localbahn
Siriuskogl
Hundskogel
Kreuzberger Feld
Frachtenbahnhof
Bahnhof
Schloßberg
Katereck
Unterreck
Verlag von E. MÄNHARDT in Gmunden und Ischl.
Maafsstab 1:12.000
Meter

J. Höller, ***Ischl und Umgebung***, 1896/97,
Stadtplan, 31,7 × 39,7 cm, Privatbesitz

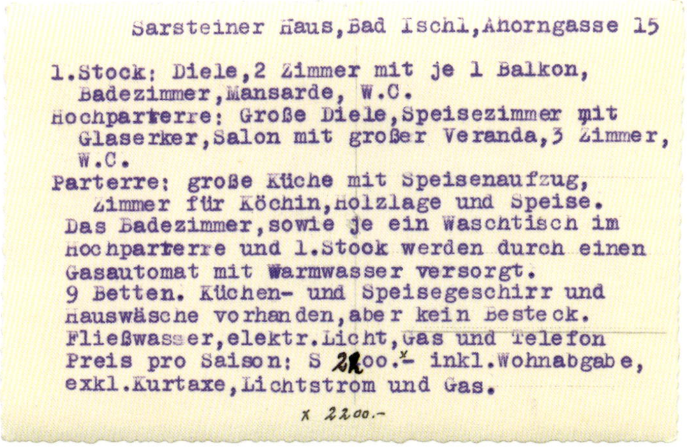
Sarsteiner Haus, Bad Ischl, Ahorngasse 15

1.Stock: Diele, 2 Zimmer mit je 1 Balkon,
Badezimmer, Mansarde, W.C.
Hochparterre: Große Diele, Speisezimmer mit
Glaserker, Salon mit großer Veranda, 3 Zimmer,
W.C.
Parterre: große Küche mit Speisenaufzug,
Zimmer für Köchin, Holzlage und Speise.
Das Badezimmer, sowie je ein Waschtisch im
Hochparterre und 1.Stock werden durch einen
Gasautomat mit Warmwasser versorgt.
9 Betten. Küchen- und Speisegeschirr und
Hauswäsche vorhanden, aber kein Besteck.
Fließwasser, elektr. Licht, Gas und Telefon
Preis pro Saison: S 2200.- inkl. Wohnabgabe,
exkl. Kurtaxe, Lichtstrom und Gas.

x 2200.-

Karl Sarsteiner, ***Vermietungsanzeige***, 1937/38,
Fotografie/Ansichtskarte (Rückseite), 8,5 × 14 cm, Privatbesitz

Atelier Willinger (Wien), ***Emmerich Kálmán in seinem Arbeitszimmer in der „Oberen Villa"***, um 1930,
Sammlung Theatermuseum Wien

Unbekannt, ***Am Berg***, um 1930,
Fotografie, 5 × 7,5 cm,
Privatbesitz

voranschreitet. Wurde das 1889 gebaute Haus ursprünglich rein zur saisonalen Vermietung an eine illustre Klientel während der Sommermonate von Anfang Juni bis Ende August verwendet und über den Rest des Jahres „eingewintert", so ist es inzwischen ein ganzjähriger Wohnsitz. Zu den Mieter*innen im Haus in der Blütezeit der Bad Ischler[5] Sommerfrische bis 1914 zählten laut „Ischler Cur-Liste" Gräfin Nemes de Hidveg, Gräfin Sophie Sickingen, Graf Johann Nemes mit Gemahlin und Josef Simon, Schwager von Johann Strauss.

Bereits sechs Jahre nach der Hochzeit, im Sommer 1928, muss Anna Sarsteiner durch das neuerliche Ausbrechen einer alten Lungenerkrankung ihres Mannes mehr und mehr Verantwortung für die gemeinsame Zukunft übernehmen. Häusliche Pflege, ambulante Behandlungen und Kuraufenthalte mit kurzen Phasen der Besserung prägen die folgenden Jahre. Hat erst nur die wirtschaftliche Lage Einfluss auf die Sommerfrische und deren Gäste, so wird diese immer mehr durch die daraus resultierenden sozialen und politischen Veränderungen und den aufkommenden Nationalsozialismus geprägt. Für viele Gäste wird es immer schwerer, die Tradition der Sommerfrische in gewohnter Weise in Bad Ischl aufrecht zu erhalten. Jüdische Gäste sind zunehmend unerwünscht und so muss auch Kálmán am 27. Februar 1937 schweren Herzens von einer weiteren Miete Abstand nehmen.[6] Auf der Suche nach neuen Gästen im darauffolgenden Jahr 1938 werden die Räume für 2.200 Schilling für die Saison angeboten, eine weitere Vermietung über den Sommer ist jedoch nicht mehr möglich und erst im Juni 1939 wird ein Dauermieter für 165 RM im Monat gefunden. Um die krankheitsbedingten Ausgaben für ihren Mann zu decken, arbeitet Anna Sarsteiner ab

Unbekannt, ***Anna Sarsteiner auf der Veranda***, um 1937,
Fotografie, 7,5 × 5 cm, Privatbesitz

5 Ab 30.8.1906 darf sich Ischl „Bad Ischl" nennen.

6 „[…] so bleibt mir also nichts anderes übrig, als mit schweren Herzen zu verzichten. Was es mir bedeutet dieses Haus zu verlassen, wo ich seit zwei Jahrzehnten geschaffen und gearbeitet habe, das müssen Sie verstehen. Für mich war der Ischler Aufenthalt doch mehr eine Zeit der Arbeit wie der Erholung und das Haus war für mich mehr eine Werkstätte wie eine Villa zum Vergnügen. […]" Aus: Kündigungsschreiben Emmerich Kálmán an Herrn Karl Sarsteiner am 27. Februar 1937. Privatbesitz Bad Ischl.

Unbekannt, ***Anna im Garten***, 1971,
Fotografie, 6,5 × 6,5 cm, Privatbesitz

1939 zusätzlich bei der Konsumgenossenschaft Salzkammergut.[7] Im September 1940 stirbt Karl Sarsteiner im 47. Lebensjahr. Im Juni 1944 kündigt und verlässt der Mieter Bad Ischl und es folgen die Einquartierungen von Flüchtlingen aus dem Osten und bombengefährdeten Städten. „Sowohl in den Ischler Sommervillen als auch in allen anderen Häusern der Stadt und deren Umgebung wurde jedes Zimmer, jede Kammer belegt. Manchmal kam es vor, dass drei Familien auf einem Herd das Essen zubereiten mussten."[8] Im September 1945 muss Anna Sarsteiner ihren Arbeitsplatz bei der Konsumgenossenschaft für Kriegsrückkehrer räumen.[9] Über diese schwierigen Zeiten und die Nachkriegszeit spricht sie kaum. Inzwischen bewohnt sie die Räume im Dachgeschoß, der erste Stock und ein Teil des Erdgeschoßes sind in Dauermiete vergeben. Sobald es die Umstände erlauben, beginnt Anna Sarsteiner wieder mit der Vermietung an Urlaubsgäste. Die langsam aufkeimende neue Sommerfrische ist nun auch in Bad Ischl einfach und kostengünstig zu haben. Kam man früher die ganze Saison, so sind es jetzt ein bis drei Wochen. Die Ausstattung der Unterkunft ist einfach, mit Waschgelegenheit im Zimmer und Mitbenützung von Bad und WC. Das Frühstück wird auf das Zimmer oder bei schönem Wetter im Garten serviert. Die Gäste kommen aus Linz, Wien und Deutschland, meist regelmäßig und über viele Jahre immer zur selben Zeit und werden damit oft Teil der „Familiengeschichte". Erst im Alter von 80 Jahren beendet sie in den späten 1970er-Jahren mit dem zunehmenden Ausbleiben der langjährigen Sommergäste die Zimmervermietung.

Anna Sarsteiner schafft es mit Mut, Präsenz und Charisma sowie ihrem organisatorischen Geschick, das Haus über 60 Jahre durch gute und schwierige Zeiten zu führen, zu erhalten und in seinem einmaligen Erscheinungsbild als Prototyp der klassischen Sommervilla zu bewahren.

7 Die Zeit als Handelsgehilfin bei der Konsumgenossenschaft Salzkammergut vom 1.10.1939 bis 30.9.1945 belegt ein Zeugnis vom 29.11.1945. Privatbesitz Bad Ischl.

8 Wiener, Friedrich: *Erinnerungen 1944 bis 1946, Oberösterreichische Zeitgeschichte.* Bad Ischl war Lazarettstadt und alle großen Hotels in Lazarette verwandelt. Dazu kamen in den letzten Kriegsmonaten Flüchtlinge aus dem Osten und aus bombengefährdeten Städten wie Linz. „Die Gemeinde Bad Ischl zählte zu Kriegsbeginn etwa 11 000 Einwohner, beherbergte im Mai 1945 aber zirka 37 000 Einwohner. Die Versorgungslage war äußerst kritisch." http://www.ooezeitgeschichte.at/Zeitzeugen/Zeitzeuge_WienerF_8.html, zuletzt aufgerufen am: 10.12.2023.

9 Kündigungsschreiben Gemeinschaftswerk-Versorgungsring Salzkammergut, Goisern vom 29.6.1945. Privatbesitz Bad Ischl.

F. E. Brandt, ***Salzkammergut, Der Attersee aus der Vogelschau***, 1937,
Photochromiekarte 1300, Nordico Stadtmuseum Linz, Inv.-Nr. NA-066164

Unbekannt, ***Am Steg***, um 1966,
Fotografie, 10,5 × 7,5 cm, Privatbesitz

Unbekannt, ***Am Seeufer mit dem neuen Schlauchboot***, um 1965,
Fotografie, 10,5 × 7,5 cm, Privatbesitz

Berthold Ecker

Auf Sommerfrische im Paradies

Wenn der Juni zu Ende ging, kam in der ganzen Familie freudige Erwartung auf. Die Erleichterung war groß, dass die Schule uns Kinder wieder einmal ohne Nachzipf in die Ferien entlassen würde, und somit stand einer paradiesischen Zeit am Attersee nichts mehr im Wege. Am Tag nach Schulschluss, nachdem die Zeugnisse bei den Großeltern und allen Verwandten hergezeigt worden waren, fuhr entweder Onkel Fritz oder Tante Greti mit ihrem schwarzen VW Käfer, der noch die ausklappbaren „Winker" hatte, bei uns vor. Alles war vorbereitet und wir begannen mit der Beladung. Anfänglich transportierten wir mehr oder weniger den gesamten Haushalt in die Sommerfrische und es ist mir heute ein Rätsel, wie das alles in das kleine Auto passen konnte. Im ersten Jahr, an das ich mich erinnere, das muss um 1964 gewesen sein, fuhr auch noch das Gitterbett für meinen jüngeren Bruder auf der Dachgalerie mit in den Sommer. Zum Gewand für vier Personen, der Küchenausstattung, Lern- und Spielsachen kam auch noch das Bettzeug. Ich erinnere mich, dass es im Wageninneren kaum noch einen freien Zentimeter gab. Immerhin waren wir, drei Erwachsene und zwei Kinder, durch Tuchenten und Polster so ausgestopft, dass wir fast wie von einem Airbag geschützt waren. Die Fahrt wurde lange, eine Weltreise für uns, die wir sonst kaum einmal im Auto fuhren. Papa machte erst mit Pensionsantritt den Führerschein und von Mamas Qualitäten im technischen Bereich soll hier nicht die Rede sein. Als dann nach den üblichen „Sind wir schon bald da"-Fragereien endlich der See mit seinem Türkis zur Autobahnabfahrt heraufleuchtete, ging uns das Herz auf und die Freude, auch in Hinblick auf die lange Zeit, die wir hier verbringen würden, war unbeschreiblich.

Unser Domizil bestand aus einem größeren Zimmer in einem Bauernhof, der noch voll in Betrieb war. Der Geruch nach Kuhstall und der Klang der gackernden Hühner erzeugen bis heute in mir ein lebendiges Bild von unserem Leben auf dem Land.

Jeder und jede hatte ein Bett, es gab ein Waschbecken und einen elektrischen Herd mit zwei Kochplatten. Mama kochte auch unter diesen erschwerten Umständen und führte den Haushalt, aber ich bin überzeugt, dass die Sommerfrische auch für sie eine große Erholung bedeutete.

Der eingeschränkte Komfort, das einfache Leben, ist besonders uns Kindern nicht im Geringsten als solches erschienen. Im Gegenteil, das herrliche Grundstück am See, das bäuerliche Leben und die große Freiheit erschienen uns nach den Reglementierungen des Stadtlebens als Luxus. Wenn wir nicht gemeinsam mit der Dorfjugend unten am See badeten, spielten wir vor allem im Freien. Mein Bruder mutierte zu einem stillen Naturforscher und verschwand gelegentlich für den ganzen Tag im Wald, während ich beschloss, einmal Bauer zu werden und gemeinsam mit der Magd den Kuhstall betreute, wobei mir vor allem der

Abtransport des Mists aus dem Stall über einen schmalen Pfosten auf dem Misthaufen übertragen worden war. Das warme, dumpfe Geräusch der Schaufel, die durch die Fladen über den Boden fährt, ist mir immer noch im Ohr. So eine Scheibtruhe voll mit Kuhmist ist ganz schön schwer und ich war immer stolz, wenn es mir gelang, ohne Unfall hinüber auf den Haufen zu kommen.

Am Freitag kam dann Papa von der Arbeit und wir holten ihn von der Busstation ab. Damit bekam der Tagesablauf eine andere Färbung, weil nun das Fischen in den Vordergrund trat. Anfangs vom Landungssteg, später von unserer Zille aus, warfen wir den ganzen Tag bei sengender Sonne und auch bei Regen unsere Angeln aus. Gelegentlich hatten wir tollen Erfolg. Für Mama bedeutete unsere Abwesenheit wahrscheinlich Erholung, für uns ein Abenteuer.

Das Wetter hat, wofür das Salzkammergut berüchtigt ist, nicht immer mitgespielt und Papa hatte einmal das Pech, dass es während seines Urlaubs drei Wochen durchregnete. Irgendwann vergeht auch den leidenschaftlichsten Wanderinnen und Wanderern die Lust am Gehen im Regen, irgendwann sind alle Destinationen abgeklappert. Wenn es also nicht mehr aufhören wollte, und alle Salzbergwerke der Umgebung und die Rennstrecke mit Jochen Rindt und Jacky Ickx besucht war, konnte auch vorübergehend Trübsal entstehen. Kartenspiele, besonders Kanaster, hielten uns sozusagen über Wasser.

Ein Höhepunkt des Sommers war der Besuch beim Künstler Erich Wulz in Salzburg. Für uns Kinder war es nicht so sehr der Kunst wegen aufregend. Vielmehr zog uns die Aussicht auf den dortigen Fernseher mit einem angeschlossenen Computerspiel an. Das war eine Art Tennis, die Spieler*innen waren zwei Striche, die wir verschieben konnten und dazwischen flog der Ball als Punkt hin und her. So eintönig das klingen mag, wir spielten stundenlang, währenddessen die Eltern ungestört im Atelier die Werke des Künstlers anschauten und das eine oder andere Bild erwarben. Wieder zurück am See kam die Beute gleich an die Wand, und unser Zimmer wurde dadurch zu etwas ganz Besonderem.

Im Verlauf des Sommers nahm unsere Unbeschwertheit ab und die heraufdräuende Schulzeit mischte sich in unsere Freude. Ab August mussten wir vormittags ein wenig lernen, um bei Schulbeginn nicht ganz unvorbereitet zu sein. Auch wenn wir es nicht gerne machten, so hat es uns doch gutgetan. Die lange Abwesenheit von unserem Linzer Umfeld ließ allmählich auch Vorfreude auf daheim entstehen und die Neugier auf Papas Willkommensgeschenk in der Wohnung wuchs. Am Ende des Sommers war dann die Fahrt von der Autobahn auf dem langen, geraden Zubringer in die Stadt hinein so aufregend, wie es der Aufbruch Anfang Juli für uns gewesen war.

Rudolf Ecker, ***Schwanenkampf am Attersee***, 1975,
Aquarell hinter Glas, 13,5 × 18,5 cm, Privatbesitz

Im Sommer 1975 ereignete sich am Attersee neben einem Landungssteg eine erbitterte Auseinandersetzung zwischen zwei Schwänen, die um ihr Territorium kämpften. Viele Badegäste beäugten das Schauspiel wie einen Stierkampf, einige waren besorgt und versuchten, die Streithähne mit Rudern zu trennen.

Unbekannt, ***Am Attersee***, um 1972,
Fotografie, 9 × 13 cm, Privatbesitz

Unbekannt, ***Wanderung am Attersee***, um 1967,
Fotografie, 7,5 × 10,5 cm, Privatbesitz

Stefan Oláh, ***Ischl***, 2023,
Pigment-Print, 50 × 42 cm, Courtesy Galerie Rauminhalt

(aus der Publikation ***Ischl***, 2024, Verlag Anton Pustet)

Stefan Oláh, ***Ischl***, 2023,
Pigment-Print, 50 × 42 cm, Courtesy Galerie Rauminhalt

Stefan Oláh, ***Ischl***, 2023,
Pigment-Print, 50 × 42 cm, Courtesy Galerie Rauminhalt

Stefan Oláh, ***Ischl***, 2023,
Pigment-Print, 50 × 42 cm, Courtesy Galerie Rauminhalt

Stefan Oláh, ***Ischl***, 2023,
Pigment-Print, 50 × 42 cm, Courtesy Galerie Rauminhalt

Stefan Oláh, ***Ischl***, 2023,
Pigment-Print, 50 × 42 cm, Courtesy Galerie Rauminhalt

Egon Hofmann-Linz, ***Sommer***, um 1920,
Öl auf Leinwand, 78 × 55 cm, Lentos Kunstmuseum Linz, Inv.-Nr. 750

Michaela Nagl

Sehnsuchtsräume.

Die Landschaft zur sommerlichen Erfrischung in Malerei und Fotografie

Mit der Eroberung der Alpen beginnt um 1800 eine neue Ära der Landschaftsmalerei und eine völlig neue Sicht auf die umgebende Natur. War das Interesse namentlich für die Bergwelt anfangs rein wissenschaftlicher Art, so beteiligt sich nun auch die bildende Kunst mehr und mehr an der Erkundung von Regionen, denen die Menschen zuvor eher mit Ehrfurcht und Zurückhaltung begegneten. Gemeinsame Expeditionen in noch unerforschte Gebiete ermöglichen erste Darstellungen der lange Zeit als gefährlich angesehenen Natur. Caspar Wolf malt 1774–79 die Schweizer Bergwelt und hinterlässt damit ein auch für die Naturwissenschaften interessantes Werk. Seine Ansichten werden als Druckwerke vervielfältigt und tragen zu großer Bekanntheit bei. In der Romantik kommt es zu einer subjektiven Interpretation der Landschaft, die durch symbolische Bedeutungen neue Aussagemöglichkeiten eröffnen. Seelisches Erleben wird in Form von Landschaft und Natur visualisiert. In der Folge entstehen aber auch Landschaftsprospekte, Panoramen und Bergansichten, deren Anspruch lediglich dahin geht, der visuellen Neugier und dem Genuss zu dienen. Im Biedermeier erfährt das Genre die Hinwendung zu einer emotional empfundenen Sehnsuchtslandschaft. Parallel dazu etabliert sich das nun auch bürgerliche Bedürfnis nach sommerlicher Erholung in Form von längeren Aufenthalten in eben diesen bevorzugten Landschaften. Die klassische Sommerfrische der städtischen Bevölkerung bildet sich langsam heraus. Realistische Naturporträts aus einem sehr persönlichen Blickpunkt bringen sowohl unberührte, stille Plätze zum Vorschein als auch Sturm- und Gewitterszenen. Idylle und Dramatik halten sich unter den Werken dieser Zeit die Waage. Ab 1850 ist die Landschaftsmalerei derart beliebt und verbreitet, dass von einem „Massenphänomen"[1] gesprochen werden kann.

Die Kunst fungiert nun als Vermittlerin der landschaftlichen Besonderheiten für ein großes Publikum. Das Motiv der sommerlichen Landschaft, in der es sich ideal entspannen lässt, nimmt einen enormen Aufschwung. Im Folgenden wird aus einer Auswahl von Kunstwerken, vorwiegend aus den Sammlungen des *Lentos* und des *Nordico*, ein Überblick über die Tradition der Landschaftsmalerei und Fotografie der Regionen Mühlviertel und Salzkammergut gegeben.

So reist etwa Gustav Klimt (1862–1918) zwischen 1900 und 1916 bevorzugt in das Salzkammergut an den Attersee und erlebt an verschiedenen Orten rund um den See eine

1 Howoldt, Jens E.: „Von Caspar David Friedrich zu Carl Gustav Carus. Landschaftsmalerei zwischen ästhetischer Autonomie und wissenschaftlichem Anspruch", in: Howoldt, Jens E. und Schneede, Uwe M. (Hrsg.): *Die Entdeckung der Natur von C. D. Friedrich bis Humboldt*, Hamburg 2002, S. 9.

erholsame Zeit. Seine Eindrücke hält er in Porträts dieser einzigartigen Landschaft fest. Eingebettet in einen Freundeskreis auf Sommerfrische, abseits von der Großstadt Wien, schafft er Gemälde, die in höchst subtiler Weise und mit speziellem Bildausschnitt auf die unterschiedlichen Stimmungen des Sees und der umliegenden Landschaft eingehen.

Im Œuvre des weit gereisten Malers Egon Hofmann-Linz (1884–1972) nimmt wiederum die Gegend des Mühlviertels eine besondere Stellung ein.[2] In seiner zweiten Schaffenshälfte entdeckt er diese Landschaft für sich und findet in ihrer Weite ebenso wie in ihren charakteristischen hügeligen Formen mit markanten Ruinen und Bauernhöfen zahlreiche Motive. In Oberneukirchen mietet er ein einfaches Zimmer und erlebt so ganz unmittelbar die Besonderheiten dieses Landstrichs.

Diese zwei Protagonisten stehen stellvertretend für die markantesten Destinationen der Sommerfrische in Oberösterreich. Beide Künstler begeben sich zur Sommerfrische in die Natur, haben dabei aber auch ihre künstlerische Inspiration im Sinn und verbringen längere Zeitabschnitte an den geliebten Orten.

Im **Salzkammergut** tritt Ischl als Kurort und durch die Anwesenheit des Kaiserhauses ab dem ersten Drittel des 19. Jahrhunderts in den Vordergrund und entwickelt sich zu einer bis heute bestehenden, florierenden Sommerfrischeregion. Die Seenlandschaften des Traunsees und vor allem des Attersees locken spätestens seit der Zeit um 1900 Erholung suchendes Publikum sowie Künstler*innen an ihre Ufer.

Thomas Ender (1793–1875), Kammermaler Erzherzog Johanns, fertigt 1828 ein zwölfteiliges Mappenwerk samt Titelblatt an, das besondere Plätze in und um Ischl zeigt. Die Lithografien bieten topografisch genaue Ansichten des damals noch ruhigen, am Beginn des Kurbetriebs stehenden Ortes und seiner Umgebung. In der *Aussicht bei Elisenruhe* oder in *Ischel vom Postbühel* zeigt sich Enders Auffassung landschaftlicher Gegebenheiten. Er betrachtet das Zentrum von einem weiter entfernten Blickpunkt aus, sodass die umgebende Landschaft miteinbezogen werden kann. Damit kommt er einer panoramaartigen Wirkung nahe. Unzählige Aquarelle von seinen Reisen in Begleitung des Erzherzogs oder auf dessen Veranlassung hin bringen ihm große Anerkennung ein. Ender war Professor an der Wiener Akademie und leitete die Klasse für Landschaftsmalerei, wodurch seine Einstellung zum Thema weite Verbreitung fand. Das Aquarell *Gmunden* mit Blick auf die Stadt, den Traunsee mit Traunstein und die Bergkette im Hintergrund gibt diese Auffassung der Darstellung einer Landschaft exemplarisch wieder.

Melchior Fritsch (1826–1889) steht in der kunsthistorischen Tradition einer Malerei, welche die Landschaft in ihren Stimmungswerten betont. Er verbrachte viele Sommer im Salzkammergut. Das Gemälde *Am Ufer des Langbathsee* zeigt die ruhige Abgeschiedenheit eines Bergsees. Meist setzt er kleine Figuren oder Figurengruppen in die Landschaft und

2 Ausstellungspublikation im Nordico Stadtmuseum Linz. Bina, Andrea und Nagl, Michaela (Hrsg.): *Egon Hofmann-Linz, Künstler Industrieller Kosmopolit*. Linz 2020.

Gustav Klimt, ***Schloss Kammer am Attersee III***, 1909/1910,
Öl auf Leinwand, 110 × 110 cm, Belvedere Wien

Egon Hofmann-Linz, ***St. Veit im Mühlkreis***, 1951,
Öl auf Leinwand, 42,5 × 56 cm, Privatbesitz

Thomas Ender, ***Ischel vom Postbühel***, Blatt aus: ***Ischel und das Salzkammergut – Mappe mit drei Heften mit Zwölf Ansichten und Titelblatt***, 1828,
Lithografie, 18,5 × 25,2 cm, Nordico Stadtmuseum Linz, Inv.-Nr. DG 8356/7

Melchior Fritsch, ***Am Ufer des Langbathsee***, 1889,
Öl auf Leinwand, 45 × 68 cm, Nordico Stadtmuseum Linz,
Inv.-Nr. G 11991

Agathe Schwabenau, ***Haus am Land (Ischl)***, 1878,
Öl auf Leinwand auf Hartfaserplatte, 27,5 × 33 cm,
Privatbesitz

Rosa Scherer, ***Altausseer See***, um 1900,
Öl auf Leinwand, 21,5 × 26,5 cm, Nordico
Stadtmuseum Linz, Inv.-Nr. G 11008

Karl Hauk, ***Fischerboote***, 1930,
Öl auf Karton, 50,5 × 57,5 cm,
Nordico Stadtmuseum Linz, Inv.-Nr. G 11628

Eduard Uhlik, ***St. Wolfgang***, 1920 bis 1940,
Öl auf Karton, 80 × 111,5 cm, Nordico Stadtmuseum Linz, Inv.-Nr. G 73

Anton Lutz, ***Segelwind am Attersee***, 1955,
Öl auf Hartfaserplatte, 56 × 67 cm,
Nordico Stadtmuseum Linz, Inv.-Nr. G 456

Hans Gösta Nagl, ***Dachstein, Gletschersee mit Karlseis***, 1945,
Aquarell, 31,7 × 23,8 cm, Nordico Stadtmuseum Linz, Inv.-Nr. Gr 1069

vermittelt damit ein Bild der Verhältnismäßigkeit zwischen der mächtigen Natur und den ihr ausgelieferten oder in sie eingebetteten Menschen.

In Ischl unterrichtet Fritsch auch Agathe Schwabenau (1857–1950), die bereits ab den 1850er-Jahren mit ihrer Familie zunächst in Ebensee und später in Ischl auf Sommerfrische weilt.[3] Ihr Gemälde *Haus am Land* von 1878, die Rückansicht eines kleinen Häuschens, ist von einer friedlichen Stimmung durchzogen. Das Interesse der erst 21-jährigen Malerin richtet sich hier auf die Wiedergabe der verschiedensten wildwachsenden Pflanzen im Umfeld dieser entlegenen Szenerie. Ihre künstlerische Entwicklung verläuft nach einer späteren Ausbildung in München und Dachau hin zur klassischen Moderne.

So wie Schwabenau führt auch die in München und Wien ausgebildete Malerin Rosa Scherer (1866–1926) zur selben Zeit in Linz eine Malschule.[4] In ihrem Werk dominieren Blumenstillleben in großer Vielfalt, daneben entstehen Landschaften. Im kleinformatigen Gemälde *Altausseer See* inszeniert sie das im hellen Sonnenschein erstrahlende Gebirge vor dem dunkelgrünen See. Die kleine Figur in Rückenansicht, die am linken Ufer entlangrudert, verstärkt diese Idylle.

Künstler*innen halten die Orte der Sommerfrische, die sie inspirieren, in ihren Werken fest. Damit tragen sie die Erinnerung an diese Sehnsuchtsräume in den städtischen Bereich und halten sie über das ganze Jahr präsent. Sie zeigen diese Landschaften bereits als Bereiche der Erholung, andererseits aber auch in ihrer Ursprünglichkeit.

Seen und Gebirge finden sich häufig im Werk von Eduard Uhlik (1865–1952), Karl Hauk (1898–1974), Hans Gösta Nagl (1910–1995) oder Anton Lutz (1894–1992). Während Uhlik in realistischer Weise den Wolfgangsee mit Segelbooten und umgebender Landschaft naturgetreu wiedergibt, arrangiert Hauk zwei an Land liegende Fischerboote, die er in grünbeigen Tönen am Ufer eines Gewässers platziert, ähnlich wie ein Stillleben. Nagls Spezialität sind Landschaftsaquarelle mit atmosphärischer Wirkung. So gestaltet er lichtgetränkte und nebelverhangene Szenerien des Dachsteins oder des Mondsees. Zupackender und stärker dem Impressionismus verpflichtet malt Lutz, der 1955 den günstigen Segelwind für eine Regatta am Attersee malerisch festhält.

In der Technik des Holz- oder Linolschnitts arbeiten unter anderen Egon Hofmann-Linz, Hanns Kobinger (1892–1974) und Auguste Kronheim (1937–2021). In Hofmanns Blatt *Traunkirchen* ragt der markante, dicht bewaldete Hügel des Johannsbergs weit in den See hinein und wird am gegenüberliegenden Ufer vom Traunsteinmassiv hinterfangen. Durchwegs erfasst Hofmann die Szenerie zunächst in dieser spröden Technik und gibt sie erst später als Malerei wieder. In der *Bootsvermietung Hallstatt* wählt Kobinger einen engen Bildausschnitt in Draufsicht auf Dächer, Boote und den See. Er schichtet die kleinteiligen

---

3 Siehe Beitrag S. 40–51.

4 Agathe Schwabenau gründet 1896 im Rahmen des *OÖKV* eine Malschule. Rosa Scherer bietet ab 1898 in ihrem Atelier Malkurse an. Nagl, Michaela: Agathe Schwabenau (1857–1950), Malerin, in: Bina, Andrea/Fellner, Sabine: *Auftritt der Frauen. Künstlerinnen in Linz 1851–1950*, Nordico Stadtmuseum Linz, Linz 2022, S. 101–109.

Dachschrägen so gekonnt, dass die Charakteristik der gesamten Skyline des meistbesuchten Ortes im Salzkammergut in diesem Detail spürbar wird. Seine Schülerin Kronheim entwickelt die Technik des Holzschnitts mit Bravour weiter und erreicht vor allem mit surrealen Situationen große Wirkung. In der Serie *Der Großglockner* etwa spiegeln sich in den runden Gläsern einer Brille die weißen Spitzen des Glockners vor blauem Himmel.

Innerhalb der vielen Seen des Salzkammerguts nimmt der Attersee nicht nur wegen seiner Größe eine besondere Stellung ein. Es sind die türkise Farbe und die Weite des Sees mit dem langgestreckten Bergrücken, die schon im 19. Jahrhundert zahlreiche Sommerfrischler*innen anlocken. Ab 1900 reist auch Familie Flöge mit befreundeten Gästen an den See. Einer der berühmtesten unter ihnen ist Gustav Klimt. Zahlreiche Fotografien zeigen ihn und Emilie Flöge, seine langjährige Freundin und Muse in entspannter Atmosphäre rudernd, spazierend oder in Gesellschaft. Die weiten sogenannten Reformkleider, die sie auf vielen Fotos tragen, sind ein Markenzeichen der Modedesignerin Flöge. Klimt setzt sich intensiv mit den Oberflächenreizen des Sees, der umgebenden Gebäude und Landstriche auseinander. Er entwickelt hier eine neue Malweise, die ihn nahe an die Abstraktion führt. So wie Claude Monet mit seinen Seerosenbildern gelingt auch ihm die größtmögliche Transformation und Intensivierung der gesehenen Natur. Im Gemälde *Kühe im Stall* von 1900/1901 dominiert eine dunkelbraune Tonigkeit, die nur die Lichtstrahlen durch die kleinen Stallfenster aufhellen. Klimt taucht während seiner Sommerfrischen mit allen Sinnen in das Landleben ein. Die rund 40 Gemälde des Attersees erlangen Jahrzehnte später große Beachtung und gelten seither als Höhepunkte der Landschaftsmalerei dieser Zeit.

Der Attersee bleibt Anziehungspunkt für viele Künstler*innen späterer Generationen. Die dem *Nötscher Kreis* verbundene Lisl Engels (1916–2006) malt von einer Anhöhe aus in stets lichtdurchfluteten Szenen das sommerliche Panorama des Attersees. Zeichner wie Peter Kubovsky (1930–2014) oder der Maler Gunter Damisch (1958–2016) nähern sich dieser Landschaft in sehr unterschiedlicher Weise. Mit seiner unverkennbaren Textur aus offenen Farbstrichen erfasst Kubovsky Landschaftsausschnitte, die auf den ersten Blick skizzenhaft wirken, aber eine hohe Stimmungsintensität entwickeln. Damisch dagegen stellt den See in Aquarellen gleichsam als weltumspannendes Gewässer in den Vordergrund.

Der Medienkünstler und Maler Dietmar Brehm (*1947) verdichtet das Gesehene zu einfachen piktogrammhaften Zeichen. Die *Landschaft (Schwarzensee)* bezieht sich sowohl auf die Leichen der im See ertrunkenen Menschen als auch auf einen kleineren, bei St. Wolfgang gelegenen See gleichen Namens.

Inge Dick (*1941) zeigt den Begriff der Lichtgrafik in seiner reinsten Ausformung. Das Licht ist der alleinige Akteur ihrer Bilder. In Malerei und Fotografie übersetzt sie die Veränderungen des Lichts, indem sie den Faktor Zeit, die Veränderung des Lichteinfalls im Laufe des Tages mit der Beobachtung der Farbveränderungen kombiniert. In *sommer licht weiss* hält sie feinste farbliche Veränderungen des Lichteinfalls und der Lichtstärke während einer bestimmten Zeitmessung als Farbstreifen in einer Fotografie fest.

Egon Hofmann-Linz, ***Traunkirchen***, o. D.,
Holzschnitt auf Papier, 28 × 20,5 cm,
Nordico Stadtmuseum Linz, Inv.-Nr. Gr 4101

Hanns Kobinger, ***Bootsvermietung Hallstatt***, o. D.,
Holzschnitt Tusche laviert, 53 × 50 cm,
Lentos Kunstmuseum Linz, Inv.Nr. G 7458

Auguste Kronheim, aus der Serie: ***Der Großglockner***, 1988,
Holzschnitt koloriert, 48,9 × 32,3 cm, Nordico Stadtmuseum Linz,
Inv.-Nr. DG 8306/6

Gustav Klimt, ***Kühe im Stall***, 1900/1901,
Öl auf Leinwand, 75 × 76,5 cm, Lentos Kunstmuseum Linz, Inv.-Nr. 168

Heinrich Böhler, ***Gustav Klimt und Emilie Flöge in Kammer am Attersee***, 1909,
Bromöldruck, 28,6 × 24,3 cm, Lentos Kunstmuseum Linz, Inv.-Nr. G 55

Gunter Damisch, ***Attersee***, 1999,
Aquarell, 36 × 44,5 cm, Nordico Stadtmuseum Linz, Inv.-Nr. Gr 4105

Gunter Damisch, ***Attersee***, 1999,
Aquarell, 36 × 44,5 cm, Nordico Stadtmuseum Linz, Inv.-Nr. Gr 4104

Lisl Engels, ***Am Attersee***, 1959,
Tempera, 44,5 × 62,5 cm, Nordico Stadtmuseum Linz, Inv.-Nr. Gr 4016

Dietmar Brehm, ***Landschaft (Schwarzensee)***, 2006,
Acryl auf Leinwand, 160 × 200 cm, Lentos Kunstmuseum Linz, Inv.-Nr. 1545

Inge Dick, ***sommer licht weiss***, 2.7.2013 (2021),
Giclée-Druck auf Hahnemühle, Photo Gloss 260 g, auf Aluminium,
Acrylglas, 70 × 50 cm, Lentos Kunstmuseum Linz, Inv.-Nr. G 9094-d

Emilie Schleiss-Simandl, ***Schöne Linzerin***, um 1920,
Keramik glasiert, H 20 cm, Nordico Stadtmuseum Linz, Inv.-Nr. O 78

Franz Zülow, ***Seefische***, 1955,
Kleistertechnik auf Papier, 44 × 62 cm, Nordico Stadtmuseum Linz, Inv.-Nr. ÜT 1931

Karl Hayd, ***Reifes Ährenfeld vor dem Traunstein***, 1940–1949,
Öl auf Karton, 59,5 × 69,7 cm, Nordico Stadtmuseum Linz,
Inv.-Nr. G 12072

Karl Hayd, ***Bei Lambach (Garten)***, um 1940,
Aquarell, 34,5 × 46,5 cm, Nordico Stadtmuseum Linz,
Inv.-Nr. Gr 4107

Margit Palme, ***Grüne Welle***, 1986,
Aquatinta-Radierung, 52,1 × 69,8 cm,
Lentos Kunstmuseum Linz, Inv.-Nr. 202-PA

Eva Bosch, ***in Traunkirchen am See …***, 2018,
Radierung 3-farbig Blau, 39 × 56,5 cm,
Nordico Stadtmuseum Linz, Inv.-Nr. Gr 3749

Andrea Lehmann, ***Wasser III – Traunsee***, 2015,
Kreide, Bleistift, 21 × 15 cm, Courtesy the artist

Martin Bruner, ***BestOFF Sommerfrische***, 2023,
Plakat, raumarbeiterinnen

Am Wolfgangsee entsteht am Beginn des 20. Jahrhunderts die *Zinkenbacher Malerkolonie*, ein Zusammentreffen von unterschiedlichen Künstler*innen, die während ihrer Sommerfrischen ab 1927 gemeinsam in Zinkenbach arbeiten. Die Karikatur *Das Malschiff* von Ferdinand Kitt (1887–1961) zeigt acht dicht gedrängte, auf ihre Arbeit konzentrierte Künstler*innen im Boot. Kitt gilt als Zentrum der Gruppe, in der sich unter anderen Josef Dobrowsky, Gudrun Baudisch-Wittke, Georg Merkel, Louise Merkel-Romée, Lisel Salzer, August von Mandelsloh, Lisl Weil oder Franz Zülow zusammenfinden. Die Gruppe pflegt keinen einheitlichen Stil und ist ausschließlich durch den gemeinsamen sommerlichen Aufenthalt im Salzkammergut verbunden.

In Gmunden am Traunsee entwickelt sich rund um die zentrale Keramikwerkstätte von Franz und Emilie Schleiss-Simandl zu Beginn des 20. Jahrhunderts ein intensiver Austausch mit Künstler*innen der Wiener Werkstätte. 1913 fusionieren die *Gmundner* und die von Michael Powolny und Bertold Löffler gegründete *Wiener Keramik*. Es entwickelt sich eine fruchtbare Zusammenarbeit. In den Sommermonaten gleicht die Stadt am Traunsee einer Künstlerkolonie, in der neben Powolny und Löffler unter anderen auch Dagobert Peche, Ludwig Heinrich Jungnickel oder Franz Zülow arbeiten. Mit der 2022 gegründeten *Academy of Ceramics*[5] knüpft Gmunden erfolgreich an die jahrhundertealte Tradition der Keramikstadt an.

Der Traunsee mit seinem markanten Gebirge Richtung Süden wird vor allem vom Traunstein dominiert. Kaum eine Darstellung verzichtet auf den weithin sichtbaren Berg, der so wie die Insel mit Schloss Ort in Gmunden oder die Halbinsel mit Johannsberg in Traunkirchen zu den beliebtesten Motiven dieses Sees gehört. Karl Hayd (1882–1945) porträtiert den Traunstein hinter einem wogenden Getreidefeld in sommerlicher Hitze oder mit stillem See im bläuenden Abendlicht. Dem sommerlichen Badevergnügen im städtischen Strandbad von Gmunden widmet er sich in mehreren Ansichten, die er auch als Postkarten auflegt. Auch hier bestimmt neben dem weitläufigen Strand, der von Badegästen und Sonnenschirmen übersät ist, die charakteristische Landschaft die Szene. Robert Angerhofer (1895–1987) schafft noch in der Tradition der Neuen Sachlichkeit großformatige Kohlezeichnungen, die Frauen in Badeanzügen auf der Wiese, am Teich oder im Türrahmen mit Durchblick in die Landschaft zeigen. Modisch und mit Distanziertheit erscheinen die jungen Frauen, die auch Teilnehmerinnen eines Ferienlagers sein könnten.

Badekostüm und die Lust am Sonnenbad sind im Werk von Margit Palme (*1929) ebenfalls Thema ihrer weiblich dominierten Bildwelt. In farbigen Aquatinta-Radierungen posieren die Frauen meist einzeln, im Liegestuhl oder mit wehendem Tuch im modischen Badeanzug.

Eva Bosch (*1941) taucht in den Farbradierungen *in Traunkirchen am See …* (2018) das am gegenüberliegenden Ufer steil aufragende Gebirge des Traunsteins in die grün-blaue Farbe des Sees und schafft damit einen einheitlichen Landschaftsblock.

Andrea Lehmann widmet sich in ihren Farbkreidezeichnungen kritisch der Natur- und Umweltsituation. Sie verbringt ihre Sommer häufig am Traunsee und setzt sich mit der speziellen Topografie der Landschaft auseinander. Im Blick über den See Richtung Schloss Ort fängt sie die Leichtigkeit eines flirrenden Sommertages ein, ohne dadurch klischeehaft zu werden.

Im Kloster Traunkirchen wird 2008 eine Sommerakademie gegründet. Bekannte und berühmte Künstler*innen wie VALIE EXPORT, Christian Ludwig Attersee oder Xenia Hausner geben zwei- bis dreiwöchige Kurse. Eine Fortsetzung findet im *Künstlersymposion Osterzeichnung* statt. In der Karwoche treffen sich jeweils 10 geladene Künstler*innen und widmen sich speziell der Zeichnung. Seit 2021 veranstalten Studierende der Kunstuniversität Linz in Kooperation mit den Gmundner Festwochen jeweils im Juli das Kunstprojekt *BestOFF Sommerfrische*. In Galerien und leerstehenden Lokalen werden die neuesten Werke junger Künstler*innen präsentiert.[6]

---

5 https://www.aocg.at/about-aocg, zuletzt aufgerufen am: 24.11.2023.

6 https://kunstuni-linz.at/BestOFF-Sommerfrische-2021-Ausstellung.18819.0.html, aufgerufen am: 8.12.2023.

Katharina Brandl, ***I have done my housework***,
Nr. 3 + 6, 2020,
Gmundner Keramik, DM 23 cm, H 72 cm,
DM 22 cm, H 51 cm, Nordico Stadtmuseum
Linz, Inv.-Nr. O 1151/O 1152

„Im ersten Drittel des 20. Jahrhunderts, ein Jahrhundert später als das Salzkammergut, entdeckt man die Mühlviertler Landschaft als Malmotiv. Eine Landschaft ohne malerische Naturdramatik. Ein weithin gewelltes Land mit kleinen Einheiten. Abwechselnd Wiesen, Äcker und Wälder, sanft geteilt durch Bäche, ein grün-braun-blauer ‚Fleckerlteppich', beschwert mit verwitternden Urgesteinsbrocken, sogenannten Findlingen."[7]

7 Ratzenböck, Peter: „Mühlviertel und moderne Kunst?", in: Ausstellungskatalog *Das Mühlviertel, Natur.Kultur. Leben*, Schloß Weinberg bei Kefermarkt, Linz 1988, S. 447.

Franz Zülow, ***Quartier***, 1947,
Tusche, Feder aquarelliert, 35 × 50,5 cm, Nordico Stadtmuseum Linz,
Inv.-Nr. ÜT 1435

Sophie Koko, ***Sommermorgen im Mühlviertel***, um 1930,
Öl auf Leinwand, 78 × 68 cm, Nordico Stadtmuseum Linz, Inv.-Nr. G 11580

Matthias May, ***Im Rodltal***, um 1920,
Öl auf Leinwand, 51 × 71 cm, Nordico Stadtmuseum Linz, Inv.-Nr. G 42

Hugo Grienberger, ***Landschaftsstudien (Villenzeile Kirchschlag)***, 7.10.1879,
Aquarell, 21,2 × 27 cm, Nordico Stadtmuseum Linz,
Inv.-Nr. ÜT 1495/59

Im **Mühlviertel** liegen die speziellen Reize in der Abgeschiedenheit und der Höhenlage, die bei guter Sicht den Blick auf die Alpenkette ermöglicht. Hier sind es Burgruinen wie Waxenberg oder Wildberg, romantische Einblicke in das Rodl-, Aist- und das Pesenbachtal, aber auch der weite Blick über das hügelige Land oder in die nahe Umgebung der Stadt Linz, die Künstler*innen zu ihren Werken inspirieren.

Die Sommerfrische führt die Linzer*innen auch in die unmittelbare Umgebung der Stadt. Ausflüge in Gasthöfe und zu Vergnügungsangeboten nach St. Peter und Zizlau, jenem Gebiet auf dem später die *voestalpine* errichtet wird, bieten sich schon im 19. Jahrhundert als leicht erreichbare Ziele für die Stadtbevölkerung an.

Im Gemälde *Donauufer mit Blick auf Magdalena und Haselgraben* von Eduard Uhlik ist das 1920 gegründete Strandbad Heilham festgehalten. Badeanstalten samt entsprechender Einrichtungen wie Umkleidekabinen werden beliebt und finden sich sowohl an der Donau als auch an kleineren Flüssen des Mühlviertels. Die heute als Natur- oder Waldbad bezeichneten, selten überfüllten Plätze liegen etwas abseits und finden in der Sommerfrische ihre Besucher*innen. Im *Pesenbachtal* von Albert Ritzberger (1915) lockt genauso wie im Gemälde gleichen Namens von Anton Lutz (1925) das erfrischende, zwischen Granitblöcken und dichtem Laub fließende Wasser. *Im Rodltal*, ein Gemälde von Matthias May (1884–1923), erfasst mit breitem Pinselstrich den rauschenden Bach zwischen den typischen Gesteinsformationen. Das Naturidyll an einem Bach zitiert auch der *Sommermorgen im Mühlviertel* von Sophie Koko (1889–1968), die in der Malschule von Matthias May studierte. Sie behandelt das durch das Grün der Bäume einfallende Licht mit großer Raffinesse.

In seinem Spätwerk übersetzt Erich Ruprecht (*1931) mythologische Themen in die Gegenwart. Mit der *Idylle im Aisttal* spielt er auf ein klassisches Motiv der Kunstgeschichte, das Bad der Diana und ihren Nymphen, an. Farblich von der braunen Fels- und Waldlandschaft kaum zu unterscheiden, tummeln sich nackte Frauengestalten zwischen den Felsblöcken der Aist.

Franz Zülow hat durch seinen Zweitwohnsitz in Hirschbach ab 1929 eine starke Verbindung zum Mühlviertel. In der aquarellierten Tuschfederzeichnung *Quartier* von 1947 erhält man Einblick in eine Bauernstube, die von vielen Betten und noch mehr Menschen belegt ist. Eine Situation der Einquartierung, wie sie in der Nachkriegszeit notwendig war. Doch liegt in dieser Darstellung auch eine Parallele zur späteren Sommerfrische. Um Gäste zu beherbergen, wurden mitunter von den Bauern Stube und Kammern geräumt.

Der nördlich von Linz gelegene Ort Kirchschlag mit einer seit dem Ende des 17. Jahrhunderts bekannten Heilquelle ist ein beliebtes Ausflugsziel und Naherholungsgebiet der Linzer*innen. Von Johann Hardinger existiert eine Lithografie, die im Hintergrund links der Kirche das 1718 errichtete Badhaus von Kirchschlag zeigt. Hugo von Grienberger (1827–1902), Oberlandesgerichtsrat aus Linz, dokumentiert in Zeichnungen und Aquarellen die Gebäude des Ortes. Unter ihnen befindet sich ein Blatt mit den neu errichteten Villen, die ab den 1870er-Jahren als Zweitwohnsitze wohlhabender Familien aus Linz gebaut werden. In der sogenannten

Villenzeile reihen sich drei Gebäude unterschiedlicher Baustile dicht aneinander. Grienberger setzt sie isoliert auf eine Kuppe und lässt der schütteren Wiesenfläche im Vordergrund viel Raum. Auch die sogenannte Stifter-Villa des Linzer Baumeisters Johann Metz wird aus verschiedensten Blickwinkeln ins Bild gesetzt. Zu Heilquelle und guter Luft in Kirchschlag gehört auch die weite Aussicht, die an klaren Tagen bis zur Alpenkette reicht.

Typische Panoramadarstellungen des Mühlviertels sind für Künstler wie Hans Pollack (1891–1968) oder Albrecht Dunzendorfer (1907–1980) beliebte Sujets. Pollack nimmt einen unbestimmten, erhöhten Blickpunkt ein und breitet sanft wellige Hügelketten aus, die in der Ferne nahtlos in eine Gebirgskette übergehen. Er schafft das Bild einer Ideallandschaft à la Mühlviertel. Dagegen fällt der Blick bei Dunzendorfer im Gemälde *Haselgraben bei Linz* in eine sich windende Schlucht steil Richtung Linz ab, um sich in der Ebene der dunstüberzogenen Stadt zu fangen und in der Ferne auf die Alpen zu treffen. Beide Künstler überhöhen das Motiv im Sinne der Erhabenheit der Landschaft.

Markante Gebäude wie Burgruinen sind wiederholt Gegenstand von künstlerischer Arbeit. Johann Razinger (1892–1965) setzt die *Ruine Waxenberg* ins Bildzentrum und erfasst die bebaute Hügelkuppe vom gegenüberliegenden Wald aus. Egon Hofmann-Linz (1884–1972) dagegen malt dieselbe Ruine aus einem weit entfernten Blickpunkt und nimmt neben dem Bauernhaus im Vordergrund die umgebende Landschaft mit ins Bild. Max Schlager (1906–1982) wiederum zeigt die *Ruine Wildberg* von einem dicht bewachsenen Hügel umgeben, der sich an dahinterliegende Höhen reiht.

Die typische Hügellandschaft des Mühlviertels ist wiederholtes Thema im Werk der von Linz aus tätigen Künstler Julius Seidl (1881–1951), Egon Hofmann-Linz, Johann Hazod (1897–1981) und Josef Schnetzer (1905–1993). Trotz der sich ähnelnden Motive findet jeder Künstler seine eigene Interpretation und Bildsprache. Während Seidl die verschränkten Landschaftsformationen mit abwechselnden Wiesen- und Waldflächen am hohen Horizont mit einer fernen Gebirgskette abschließt, wählt Hofmann-Linz nahsichtiger einen langgestreckten Hügel, den er durch ein Gehöft und Baumgruppen strukturiert und durch einen Weg zusammenbindet. Schnetzer wiederum gliedert eine Wiesenmulde in den für ihn charakteristischen, unterschiedlichen Grüntönen durch größere Gesteinsbrocken. Im Gemälde von Hazod, der am Eingang des Haselgrabens wohnt und das Motiv somit vor der Tür findet, breiten sich summarisch aufgefasste Farbflächen als grüne Felder vor einer bewaldeten Hügelkette aus. In allen Landschaften wird der Horizont hoch angesetzt und lässt nur einen Spalt für den Himmel frei.

Der Universalkünstler Edgar Honetschläger (*1963) übersetzt das hügelige Mühlviertel mit einfachen schwungvollen Bögen in ein Aquarell (*Mühlviertler Landschaft mit Feldern*, 1990) und bringt in dieser Verknappung das Wesen der Landschaft auf den Punkt (Abb. S. 148). In einer ähnlichen Verdichtung erfasst Dietmar Brehm (*1947) den *Waxenbergwald* mit wenigen piktogrammhaften Zeichen, die in Kombination mit Schrift ein dichtes Waldinneres entstehen lassen (Abb. S. 148).

Hans Pollack, ***Blick vom Mühlviertel auf die Alpenkette***, 1939,
Öl auf Karton, 78 × 109 cm, Nordico Stadtmuseum Linz, Inv.-Nr. G 7

Albrecht Dunzendorfer, ***Haselgraben bei Linz***, 1952,
Öl auf Karton, 74 × 61 cm, Nordico Stadtmuseum Linz,
Inv.-Nr. G 12031

Johann Razinger, ***Ruine Waxenberg***, 1918,
Aquarell, 25,5 × 35,2 cm,
Nordico Stadtmuseum Linz, Inv.-Nr. Gr 837

Egon Hofmann-Linz, ***Ruine Waxenberg***, 1951,
Öl auf Leinwand, 53 × 63 cm,
Nordico Stadtmuseum Linz, Inv.-Nr. G 11965

Julius Seidl, ***Im Mühlviertel***, 1910–1925,
Öl auf Karton, 27 × 31,3 cm,
Nordico Stadtmuseum Linz, Inv.-Nr. G 10579

Max Schlager, ***Ruine Wildberg***, 1958,
Öl auf Leinwand, 60 × 80 cm,
Nordico Stadtmuseum Linz, Inv.-Nr. G 10546

Johann Hazod, ***Beim Daxleitner am Pfenningberg***, 1958,
Öl auf Faserplatte, 60 × 110 cm,
Nordico Stadtmuseum Linz, Inv.-Nr. G 10548

Josef Schnetzer, ***Mühlviertel***, 1955,
Öl auf Leinwand, 60 × 90,5 cm, Nordico Stadtmuseum Linz, Inv.-Nr. G 461

Dietmar Brehm, ***Waxenbergwald, Waxenbergwald***, 2011,
Acryl und Edding-30, 60 × 60 cm, Nordico Stadtmuseum Linz, Inv.-Nr. G 12064

Edgar Honetschläger, ***Mühlviertler Landschaft mit Feldern***, 1990,
Mischtechnik, 35,5 × 28 cm, Privatbesitz

Renate Schönmayr, *„Early Forms" von Tony Cragg, Feuerwehrfest Werkstatt Kollerschlag*, um 1990, Fotografie, Privatbesitz

Andrea Bina, *Renate Schönmayr und Jeff Koons, Feuerwehrfest Werkstatt Kollerschlag*, 1992, Fotografie, Privatbesitz

In der *Werkstatt Kollerschlag* im Oberen Mühlviertel findet ab 1985 ein Zusammentreffen führender internationaler Künstler*innen statt. Das Brüdertrio Heinz, Werner und Wolfgang Baumüller realisiert gemeinsam mit Handwerkern der Region Skulpturen für öffentliche und private Sammlungen. Der Ort Kollerschlag im Mühlviertel wird ein weltweites Zentrum der Kunstproduktion und bei Festen finden Begegnungen unterschiedlichster Menschen statt. Künstler*innen wie Joseph Beuys, Tony Cragg, Daniel Spoerri, Lawrence Weiner, Jeff Koons, Eva Schlegel oder Rachel Whiteread bringen ihre Entwürfe nach Kollerschlag und überlassen die Realisierung der einzigartigen Werkstatt. Dieses Kunstzentrum vereint handwerkliche und organisatorische Perfektion und hat in der Kunstwelt große Bekanntheit erlangt. Im Zusammenwirken von höchster Professionalität der Werkstätte mit der Schönheit und Abgeschiedenheit des Ortes entstand hier eine Sommerfrische der anderen Art.

Fotografie

Auch im Werk etlicher Fotograf*innen und fotografisch orientierter Künstler*innen spiegelt sich die Fokussierung auf besonders beliebte Orte der Sommerfrische im Norden und Süden Oberösterreichs wider.

Anfang des 20. Jahrhunderts wird so wie in vielen europäischen Städten auch in Linz ein *Amateurfotografen-Club* gegründet. In der künstlerischen Entwicklung kommt ab 1930 mit der Gründung der *Linzer Schule* der Weichzeichnung große Bedeutung zu. Durch die Verwendung des Imagon-Objektivs erscheinen die Bilder unter einem weichen, verklärenden Schleier. Neben Helene Clodi-Titze[8] (1894–1981) sind u. a. Heinz Bitzan (1892–1965), Michael Neumüller (1891–1980), Hans Wöhrl (1903–1979) oder Elli Haidinger-Fürböck (1902–1970) in Linz tätig. Zusätzlich zu dokumentarischen Aufnahmen zur Stadtgeschichte und -entwicklung findet man bei allen Fotograf*innen auch Arbeiten, die einen künstlerisch freien Zugang zur Fotografie zeigen. Heinz Bitzan, ein Gründungsmitglied der Künstlervereinigung *MAERZ*, ist bereits 1913 bei dessen erster Ausstellung mit Fotoarbeiten vertreten. In *Ohne Titel (Heuschober)* nimmt er eine auf die charakteristische Form konzentrierte Ansicht der in langer Reihe stehenden Heuschober auf. Ohne Ablenkung wird die Nüchternheit und Monumentalität des Motivs betont. Wesentlich romantischer wirken die Fotografien von Michael Neumüller, der das Imagon-Objektiv in allen Themengebieten einsetzt. Speziell in der Aktfotografie erreicht er einen neuen, auf starken Licht-Schatten-Kontrast ausgerichteten Zugang. Durch die Weichzeichnung federt er sämtliche Härten ab und taucht den Schauplatz in eine milde Atmosphäre. Diesen malerischen Eindruck gibt die Szene *Beim Frühstück am Traunsee* exemplarisch wieder.

Erst bei genauer Betrachtung lässt sich in der Fotografie *Große Mühl bei Klaffer* von Hans Wöhrl eine Landschaft erkennen. In einer Luftaufnahme dokumentiert er den stark mäandernden Bach, der aus großer Entfernung einen hohen Grad an Abstraktion erreicht. Im Werk von Elli Fürböck nimmt die Bergfotografie einen besonderen Stellenwert ein.

8 Siehe Beitrag „Wunderbar lange Sommertage am See" von Andrea Bina, S. 165.

Heinz Bitzan, ***Bergwiese mit Bäumen***, um 1930,
Fotografie, 37 × 32,8 cm, Lentos Kunstmuseum Linz,
Inv.-Nr. G 7752

Michael Neumüller, ***Fischernetze (Traunsee)***, 1931,
Fotografie, 39,5 × 29,5 cm, Nordico Stadtmuseum Linz,
Inv.-Nr. D 393

Heinz Bitzan, ***Ohne Titel (Heuschober)***, um 1930,
Fotografie, 16,7 × 23,3 cm, Lentos Kunstmuseum Linz,
Inv.-Nr. G 5526

Elli Haidinger-Fürböck, ***Dachstein Südwand***, um 1940,
Fotografie (Reproduktion), 30,5 × 40,5 cm, Alpenverein Linz

Elli Haidinger-Fürböck, ***Fahrt ins Gebirge***, um 1940,
Fotografie (Reproduktion), 31 × 40,5 cm, Alpenverein Linz

Herbert Bayer, ***Peasant House, Austria (Bauernhaus)***, um 1950,
Fotografie, 25,2 × 25 cm, Lentos Kunstmuseum Linz, Inv.-Nr. G 46-HB

Herbert Bayer, ***Wooden Fence, Austria (Holzzaun)***, 1956,
Fotografie, 26 × 26 cm, Lentos Kunstmuseum Linz, Inv.-Nr. G 43-HB

Herbert Bayer, ***Cemetery (Friedhof Traunkirchen)***, 1977,
Fotografie, 23 × 33 cm, Lentos Kunstmuseum Linz, Inv.-Nr. G 34-HB

Hans Wöhrl, ***Mühlviertler Landschaft***, um 1960,
Fotografie, 23,1 × 18,1 cm, Nordico Stadtmuseum Linz, Inv.-Nr. D 473

Hans Wöhrl, ***Große Mühl bei Klaffer***, um 1960,
Fotografie, 23,3 × 18 cm, Nordico Stadtmuseum Linz, Inv.-Nr. D 463

Michael Neumüller, ***Beim Frühstück am Traunsee***, 1930,
Fotografie, 31 × 39,5 cm, Nordico Stadtmuseum Linz,
Inv.-Nr. D 395

Gerhard Trumler, ***St. Wolfgang, Blick bei Sonnenuntergang vom Gipfel nach Westen über Mondsee und Irrsee***, um 2000, Fotografie, Courtesy the artist

Gerhard Trumler, ***Granitgestein***, um 1990, Fotografie, Courtesy the artist

Als begeisterte Hochtourenskiläuferin, Wildwasserpaddlerin und Bergsteigerin erreicht sie Gebiete, die nur selten fotografiert werden. In *Dachstein Südwand* lässt sie das wilde, raue Hochgebirgsmassiv nahe an die Betrachter*innen herantreten und vermeidet jeden Anklang an eine Bergidylle.

Fotografie spielt auch im Gesamtwerk des „universellen Gestalters"[9] Herbert Bayer (1900–1985) durchgehend eine wichtige Rolle. Neben der Auseinandersetzung mit Stadtlandschaft und Architektur nähert er sich der abstrakten Fotografie. Die Vielfalt seiner Interessen spiegelt sich in Studien und Themen des Alltags wider. So finden sich unter seinen Fotografien auch dokumentarische Aufnahmen von Bauernhöfen und Landschaften in Oberösterreich. Ein Holzzaun aus kreuzweise geschichteten Holzlatten ist Bildmittelpunkt einer Wiesenlandschaft mit Hügel im Hintergrund. Das Motiv zeigt in der bewussten Reduktion auf wenige Formen, deren Bedeutung dadurch stärker hervortritt, ein wesentliches Merkmal in Bayers Werk.

Gerhard Trumler (*1937) nimmt in der österreichischen Fotografie seit der zweiten Hälfte des 20. Jahrhunderts einen wichtigen Platz ein. Er ist ein forschender Chronist einfacher, verschwindender Lebensformen. Es gelingt ihm, das Charakteristische einer Landschaft und seiner Bewohner*innen auf den Punkt zu bringen. Sowohl das Mühlviertel mit den Gesteinsblöcken und bäuerlichen Lebensformen als auch das Salzkammergut mit seinen Seenlandschaften und alten Handwerksbetrieben sind Teil des überaus umfangreichen Werkes. In der Serie *Land_sterben* greift Gerlinde Miesenböck (*1978), thematisch ähnlich wie Trumler, die sich dramatisch verändernde Welt des Landlebens auf. Porträts von aufgelassenen Bauernhöfen und deren ehemaligen Besitzer*innen führen in nüchterner Betrachtung aktuelle sozioökonomische Verschiebungen vor Augen.

Diesen Themen widmet sich auch Violetta Wakolbinger aus feministischem Blickwinkel. Die Situation von jungen Frauen in einer einst landwirtschaftlichen Region, die nun keine Zukunftschancen mehr bietet, wird in einer Serie von Porträts in einem verlassenen Bauernhof nachgestellt. Bernhard Fuchs (*1971) ist ein Meister des sachlich-nüchternen Porträts, sowohl der Landschaft als auch einzelner Personen. In konzentrierter, aber nicht erstarrter Haltung zeigen sich die Protagonist*innen in ihrer gewohnten Umgebung. Fuchs zollt mit etlichen Serien zum Mühlviertel der Landschaft und ihren Bewohner*innen großen Respekt (Abb. S. 100–103). Eine genaue Beobachtung der Spuren, die der Mensch hinterlässt, zeichnet das Werk des Fotografen Otto Hainzl (*1966) aus. Im Mühlviertel geht er dem bäuerlichen Leben nach und nimmt Blickpunkte ein, die nicht das typische Klischee zeigen, sondern voller Humor Randerscheinungen wie die weißen Waden der Blasmusikkapelle festhalten (Abb. S. 198, 204, 205, 214, 215).

Auch das Werk von Nicola Hackl-Haslinger (*1974) basiert auf Forschung und konzeptuellen Überlegungen. In einer Fotoserie zeigt sie das einst zur Sommerfrische von

9 Baum, Peter: *Herbert Bayer – Zur Malerei und Photographie des universellen Gestalters*, Ausst. Kat., Lentos Kunstmuseum Linz, Linz 2000, S. 5–8.

Nicola Hackl-Haslinger, ***Sommerfrische I***, 2024,
Fotografie, Pigmentdruck auf Hahnemühle Agave 290 g/m², 24 Kt Gold, 27,9 × 42 cm, Courtesy the artist

Nicola Hackl-Haslinger, ***Sommerfrische II***, 2024,
Fotografie, Pigmentdruck auf Hahnemühle Agave 290 g/m², 24 Kt Gold, 42 × 28 cm, Courtesy the artist

Nicola Hackl-Haslinger, ***Sommerfrische III***, 2024,
Fotografie, Pigmentdruck auf Hahnemühle Agave 290 g/m², 24 Kt Gold, 27,9 × 42 cm, Courtesy the artist

der Familie Titze bewohnte Haus in Rottenegg.[10] Kurz vor und nach einem aktuellen Besitzer*innenwechsel fotografiert sie das in seinem ursprünglichen Zustand aus der Zeit um 1900 erhaltene Haus mit Garten und Zugang zur Rodl. Die Entwicklung der ursprünglich als Farbfotos aufgenommenen Bilder als Schwarz-Weiß-Fotografien verunklären bewusst ihre zeitliche Zuordnung. Dies ist ein Markenzeichen der Fotografin, die auch im Vorgang der Ausarbeitung ihre künstlerische Handschrift deutlich einbringt.

Die Fotografie ist ein weites Feld und hat sich in den vergangenen Jahrzehnten als ein zugängliches Medium vieler Künstler*innen etabliert. So auch bei Daniel Leidenfrost (*1979), der in seinen Medientransfers die Wahrnehmung und die Realität auf ihren Gehalt überprüft. Ausgangspunkt ist die nächtliche Situation des markanten Sprungturms im Seebad von Seewalchen am Attersee (Abb. S. 188). Diese Szenerie setzt Leidenfrost zunächst in Malerei und dann in ein akribisch gebautes Modell in einem schwarzen Kubus um. Die Betrachter*innen können das Modell nur durch ein Guckloch sehen. Von diesem überraschend lebensecht wirkenden Anblick fertigt Leidenfrost eine Fotografie an und montiert sie in einen Leuchtkasten. Ausgehend von der ungewöhnlichen nächtlichen Zeit, in der die Szene festgehalten wird, gelingt im Wechsel von der Malerei über die Skulptur zur Fotografie ein mehrfacher Bruch der Wahrnehmung. Verunsicherung gegenüber der eigentlich romantischen Szene ist die Folge. Die fotografischen Arbeiten von Gregor Graf konzentrieren sich auf ausgewählte Plätze im Mühlviertel, die er speziell für dieses Ausstellungsprojekt aufgesucht hat (S. 171, 172, 202, 207, 209, 211, 213).

Stefan Oláh (*1971) porträtiert gleichfalls den menschenleeren Sprungturm von Seewalchen, außerdem auch den von Steinbach und die Wasserrutsche im Seebad des Ortes Attersee. In der sommerlichen Umgebung, die an ein turbulentes Treiben mit lautem Kindergeschrei denken lässt, vermeidet er die Darstellung der Badegäste und gibt eine nüchterne, aufgeräumte Örtlichkeit wieder (Abb. S. 188, 189). Die Aussparung von Menschen zieht sich durch alle Projekte von Oláh. Er konzentriert sich auf architektonische Außen- und Innenaufnahmen, auf Räume mit besonderer Atmosphäre und Geschichte, wie beispielsweise Museumsdepots oder Würstelstände. Eine aktuelle Serie setzt sich mit Bad Ischl, dem Zentrum des Kulturhauptstadtjahres 2024 auseinander. Auch hier legt er großen Wert auf einen unverbrauchten Blick abseits der Klischees (Abb. S. 114–119).[11]

---

10 Adolf Josef Titze (1818–1892) übernimmt ab 1868 in Rottenegg den Feigenkaffeeproduktionsbetrieb von Emil Koller, sein Sohn Julius Titze verlegt den Betrieb 1895 nach Linz. Das Haus in Rottenegg wird nach einer Überschwemmung 1899 fast völlig zerstört. 1900 wird es von Sigmund Ehrentletzberger (Schwager von Julius Titze) wieder aufgebaut.

11 Oláh, Stefan: *Ischl*. Salzburg 2024.

Gerlinde Miesenböck, ***Ohne Titel***, aus der Serie: ***Das Erbe***, 2008–2010,
analoges Farbfoto, 50 × 50 cm, Nordico Stadtmuseum Linz, Inv.-Nr. D 896

Violetta Wakolbinger, ***Conversion***, 2019,
digitale Fotografie, 60 × 40 cm, Courtesy the artist

Violetta Wakolbinger, ***Landschaft***, 2019,
digitale Fotografie, 30 × 40 cm, Courtesy the artist

Klemens Brosch, ***Segelboote am Traunsee***, 1926,
Aquarell, 22,4 × 27,6 cm, Nordico Stadtmuseum Linz,
Inv.-Nr. ÜT 102136

Klemens Brosch, ***Blick über das Rodltal auf St. Gotthard***, o. D.,
Lithografie, 27 × 36 cm, Nordico Stadtmuseum Linz, Inv.-Nr. DG 7888

Klemens Brosch, ***Haus an der Großen Mühl***, 1914,
Bleistift, 22 × 31,5 cm, Nordico Stadtmuseum Linz, Inv.-Nr. ÜT 1288

Elisabeth Nowak-Thaller

Klemens Brosch, ein ewiger Wanderer und Suchender

Die künstlerische Entwicklung des frühvollendeten, genialen Linzer Zeichengenies Klemens Brosch (1894–1926) lässt sich anhand zahlreicher in der Schulzeit entstandener Arbeiten verfolgen. Angeregt durch die intensive fotografische, botanische sowie zeichnerische Betätigung des Vaters sowie des älteren Bruders Franz, reift Klemens zu einem frühen Talent. Die Brosch-Buben zeichnen unermüdlich, bei Freunden oder Verwandten im nahen Mühlviertel, an Wochenenden oder in den Schulferien und unternehmen als Mitglieder der Jugendbewegung *Wandervogel* große Touren. Mit Rucksack, Fotoapparat und Skizzenblock ausgestattet – auch die Botanisiertrommel darf nicht fehlen – erkundet die Brosch-Familie das Mühlviertel, den Böhmerwald und das Salzkammergut. Oft besuchen die Brüder Freunde in Neufelden oder die Großeltern in Bad Leonfelden und skizzieren auf ihren Wanderungen die raue, hügelige Landschaft des Mühlviertels. Adalbert Stifter zählt zur Lieblingslektüre von Klemens Brosch und bald hegt er die Vision, Stifters *Hochwald* zu illustrieren. Diese Idee wird aber nie verwirklicht.

Nach ersten großen Erfolgen in der Linzer Künstlervereinigung *MAERZ*, zu deren Gründern Klemens und Franz Brosch im Frühling 1913 zählen, beginnt Klemens ein Kunststudium ab Herbst 1913 an der *Akademie der Bildenden Künste Wien* – aufgrund seiner außergewöhnlichen Begabung erhält er fortan ein Staatsstipendium. Obwohl Klemens nun in Wien lebt, verbringt er die Sommerfrische in der Heimat, im Mühlviertel. Bei seinen Wanderungen zeichnet er mit feinem Bleistift die Schönbergmühle bei Neufelden, ein stattliches Mühlviertler Mühlengebäude mit angeschlossenen Holzschuppen. Der historische Bau spiegelt sich im Wasser der Großen Mühl, ein Wehr hemmt das Abfließen, im Wasser treiben Holzbalken, die das Spiegelbild des Hofes durchbrechen. Oder stecken sie im Eis fest? Eine karge Winterlandschaft mit kahlen Bäumen und Büschen wird im Hintergrund sichtbar. Der Bleistift wird zum „malerischen" Mittel, fein differenzierte Abstufungen und Schattierungen werden erzielt. Eine stille, geradezu lyrische Naturschau zeichnet diese typische Mühlviertler Landschaft aus.

Im *Blick über das Rodltal auf St. Gotthard* zeigt Brosch einmal mehr aus seiner seit Jugend bevorzugten Vogelperspektive im Weitblick das hügelige, bewaldete Mühlviertel mit feinen Blumenwiesen und Granithügeln.

Nur fünf Exemplare und eine Vorzeichnung haben sich von der *Rast auf der Wanderung* erhalten. Der unbekannte Wanderer – ist es Broschs Bruder, der Vater oder der Künstler selbst? – ruht in Rückenansicht, mit Hut und Mantel gekleidet, auf einen Spazierstock gestützt, auf einem bewachsenen Granitfelsen hoch über dem Ufer des Plöckensteiner Sees im Böhmerwald, der ein beliebtes Sommerfrische-Ziel der Brosch-Familie war.

Klemens Brosch, ***Rast auf der Wanderung***, 1914,
Lithografie, 41 × 49,8 cm, Nordico Stadtmuseum Linz, Inv.-Nr. DG 7093

Klemens Brosch, ***Gebirgsszenerie***, 1926,
Aquarell, 20,1 × 24,5 cm, Nordico Stadtmuseum Linz, Inv.-Nr. ÜT 102140

Broschs Vorbild, Adalbert Stifter, zeichnete ebenfalls den langgestreckten See und beschreibt poetisch in seiner Erzählung *Der Hochwald* das geheimnisvolle, dunkle Gewässer: „Oft entstieg mir ein und derselbe Gedanke, wenn ich an diesen Gestaden saß: – als sei es ein unheimliches Naturauge, das mich hier ansehe – tiefschwarz –, überragt von der Stirn und der Braue der Felsen, gesäumt von der Wimper dunkler Tannen – drin das Wasser regungslos, wie eine versteinerte Träne."

Dieser zauberhafte Gebirgssee, einer der fünf Gletscherseen auf der tschechischen Seite des Šumava/Böhmerwaldes, diente als Hauptwasserquelle für den Schwarzenberg'schen Schwemmkanal, der immer wieder in Darstellungen von Brosch thematisiert wird.

Klemens Brosch, ***Erlakogel***, 1926,
Tusche, Feder, Aquarell, 51 × 32 cm,
Lentos Kunstmuseum Linz, Inv.-Nr. G 5047

Während Brosch trotz seines Studiums in Wien oft wandernd das Mühlviertel durchquert und viele Zeichnungen, Studien und Druckgrafiken dieser einzigartigen Landschaft ab 1914 entstehen, verbringt der Künstler die Sommer seiner letzten Lebensjahre, die ab 1920 von Drogensucht und Morphiumentzug gekennzeichnet waren, überwiegend im Salzkammergut.

Neben verschollenen Auftragsarbeiten in Öl entsteht im Todesjahr 1926 eine Reihe hochqualitativer, farblich reizvoller, kleinformatiger Aquarelle. Auf der Suche nach neuen Bildmotiven für eine geplante Ausstellung entdeckt Brosch während der Sommerfrische im Jahr 1926 den Traunsee und seine Berge. Der Salzkammergutsee, die Atmosphäre eines strahlenden Sommertages oder der bekannte *Erlakogel* mit seiner spektakulären Aussicht über die Salzkammergutberge werden in diesen spontanen, rasch skizzierten Aquarellen eingefangen. Die reduzierte Farbpalette wird stark verdünnt mit Pinsel malerisch auf grobes Papier aufgetragen, vereinzelt ist das Weiß des strukturierten Papiers als Untergrund sogar noch erkennbar. Wenige, mittels Lavierung erzielte, kühne Farbkombinationen herrschen vor. Erstmals nähert sich der Zeichner sogar der Abstraktion. Zu den modernsten, freiesten Arbeiten, die Broschs neuen, abstrahierten, malerischen Zeichenduktus ankündigen, zählen die Aquarelle *Kirchenromantik*, *Gebirgsszenerie* oder *Segelboote am Traunsee*.

Nach einem verregneten Salzkammergutaufenthalt, in dem viele Landschaftsaquarelle entstehen, eröffnet Brosch im Oktober 1926 seine letzte Ausstellung im Ländlersaal an der Promenade in Linz. Der Künstler, der ein Atelier von der *OWEAG* (heute *Energie AG*) erhielt und mit Baudokumentationen unter anderen des Kraftwerkbaus in Partenstein im Mühlviertel beauftragt wurde, präsentiert nach langer Ausstellungsabsenz endlich neue Arbeiten. Doch die Hoffnung trügt. Broschs letzte Tat wird zur grenzüberschreitenden Kunstinszenierung: Der Künstler schreibt Abschiedsbriefe, plant minutiös seinen Selbstmord am verschneiten Pöstlingbergfriedhof in seinem geliebten Mühlviertel und zeichnet in seinem Vermächtnis den Überbringer des Todes, den Raben, auf einem absterbenden Baum. Broschs Leben endet in einer theatralischen Inszenierung mit einer Gasmaske aus dem Ersten Weltkrieg. Am 17. Dezember 1926 gleitet der 32-jährige Künstler mit Chloroform auf einem Grab liegend in die selbst gewählte ewige Narkose. Sein Suizid war: „der logisch gesetzte Schlusspunkt zu dem langen Satz, der mit dem Wort Morphium beginnt." (Abschiedsbrief)

Der hochbegabte Zeichner, der die Landschaft des Mühlviertels und des Salzkammerguts wie kaum ein anderer Künstler verinnerlichte und für die Nachwelt dokumentierte, entspricht einem Idealbild des Künstlergenius: leidend, fanatisch, süchtig, missverstanden, ein verlorengegangenes, tragisches Genie. Ein künstlerischer Außenseiter und manisch Getriebener. Ein Seher. Ein Perfektionist bis in den Tod.

Klemens Brosch, ***Kirchenromantik (Traunkirchen)***, 1926,
Tempera, 37,5 × 17,5 cm, Nordico Stadtmuseum Linz,
Inv.-Nr. ÜT 102130

Helene Clodi-Titze, ***Kinder am Seeufer, Traunkirchen***, um 1935,
Fotografie, 16,8 × 22,8 cm, Privatbesitz Traunkirchen

Helene Clodi-Titze, ***Radfahrer in Österreich, Traunsee***, um 1930,
Fotografie, 17 × 23 cm, Privatbesitz Traunkirchen

Helene Clodi-Titze, ***Der Wanderer***, um 1930,
Fotografie, 24 × 18 cm, Privatbesitz Traunkirchen

Andrea Bina

Wunderbar lange Sommertage am See.

Die Fotografin Helene Clodi-Titze

Die Fotografin Helene Clodi-Titze (21.5.1894, Linz–15.7.1981, Linz) verbringt viele Wochen während der Sommermonate im Salzkammergut am Westufer des Traunsees im Bezirk Gmunden.

Der Familie ihres Ehemannes Dr. Carl Clodi, einem Lungenfacharzt in Linz, gehört seit 1843 der Meierhof „In der Wim" in der Ortschaft Winkl, Gemeinde Traunkirchen. Nach der Aufhebung des Jesuitenordens 1773 und damit der Residenz Traunkirchen ist der große Meierhof funktionslos geworden, geht ab 1777 durch mehrere Hände, brennt 1806 ab und wird dann etwas abgeändert wiederaufgebaut.[1] Ebendort hat Helene Clodi-Titze ein Foto-Atelier eingerichtet und sie ist in der unmittelbaren Umgebung von Winkl auf Sujetsuche unterwegs. Motive sind immer wieder der aus unterschiedlichen Perspektiven festgemachte malerische Blick auf das ehemalige Kloster und den mit Eiben und Buchen bewachsenen Felsen des Johannsbergs samt Kapelle sowie das sie umgebende Gebirgspanorama. Im Seegarten, am Seeufer und im Hof fotografiert sie unterschiedliche Familienmitglieder in diversen Posen.

Clodi-Titze ist Amateurfotografin und Mitglied beim Amateur-Fotograf*innen-Verein Linz. Neben Anna Lerperger ist sie eine der wenigen Amateurfotografinnen Österreichs. Wie vielerorts in Europa entsteht auch um 1900 ein Amateurfotograf*innen Club in Linz. Anfang der 1930er-Jahre formieren sich einige Fotograf*innen zur Gruppierung *Linzer Schule*, die aufgrund ähnlicher Motive und Gestaltungsweisen als solche bezeichnet wird. Der Einsatz des Imagon-Objektivs, einem Weichzeichner, der die Bilder in einen romantisch-verklärenden Schleier taucht, ist typisch für ihre Arbeiten. Stilistisch pendeln diese zwischen malerischem Piktoralismus um 1900 und Neuer Sachlichkeit. Wie auch ihre Club-Kolleg*innen beschickt sie internationale Amateurfotograf*innen-Ausstellungen unter anderem in Algier, New York oder Warschau. Die reichhaltigen Stempel auf der Rückseite der Fotografien zeigen diese Ambitionen.[2]

Neben ihren Salzkammergut-Fotografien setzt sie sich in ihrer Arbeit intensiv mit Insekten-, Natur- und Blumenstudien sowie Aktfotografie auseinander. Sie experimentiert vor allem mit dem Wechselverhältnis von Licht und Schatten. An ihrem Hauptwohnsitz in Linz findet sie Motive in den Linzer Donau-Aulandschaften von St. Peter, Zizlau und Lustenau (siehe Abb. S. 60, 63). Ihre Fotografien zeigen Wege, Tümpel und Lacken entlang der damals

---

1 Linnemayr, Angelika: Zur Geschichte der Familie Clodi, in: *Jahrbuch des OÖ. Musealvereins*, Band 137, Linz 1992, S. 103–155.

2 Bina, Andrea und Reutner, Brigitte: *Klick! Linzer Fotografie der Zwischenkriegszeit. Von Berufsfotografen, Amateuren und Knipsern*. Nordico Stadtmuseum Linz, Linz 2016, S. 199.

noch nicht regulierten Stromauen, dem Hollaberer Graben, der Landschaft beim *Steinernen Brückl* sowie dem Pfennigberg am linken Donauufer. Diese wenigen fotografischen Aufnahmen sind kostbare Relikte einer vom Menschen noch unberührten, wenig erfassten Wildnis mit einem urwaldähnlichen Pflanzenwuchs in den 1930er-Jahren.

Helene Clodi-Titze entstammt der von Böhmen nach Linz zugewanderten Kaufmannsfamilie Titze, deren *Erste Oberösterreichische Feigenkaffeefabrik* sich ab 1868 in Rottenegg an der Rodl im Oberen Mühlviertel befindet.[3] Adolf Titze erwirbt das dortige Jägerhäusl „mit den dabei befindlichen zur Erzeugung von Surrogatkaffee dienlichen Werksgeräten und Vorrichtungen" an der verkehrstechnisch gut gelegenen Bundesstraße 127 (vormals Krumauer Reichsstraße), die von Ottensheim über Rohrbach direkt nach Böhmen führt. Zudem ist die neugebaute Mühlkreisbahn 1888 in Betrieb gegangen. Nach dem Neubau der Kaffeefabrik durch Julius Titze in der Linzer Kaplanhofstraße 6 wird das Haus ab 1900 von den Linzer Unternehmerfamilien Ehrentletzberger und Schachermayer über Generationen als Sommerfrischeort genützt.[4]

Helene Clodi-Titze, ***Nach der ersten Besteigung der Südwand des Hochkogels „Kloana Traunstoa", Lager im Seegarten***, um 1930,
Fotografie, 16,5 × 22,5 cm, Privatbesitz Traunkirchen

3 Der erste Betrieb der Feigenkaffee-Fabrik Titze befindet sich in Rottenegg Nr. 21, heute Eschelbergstraße 8, in Rottenegg, Gemeinde Walding, im Oberen Mühlviertel. www.industrie.at, zuletzt aufgerufen am: 17.11.2023.

4 Brunnthaler, Adolf: *St. Gotthard im Mühlkreis. Die Gründung der Firma Titze 1868*, Eigenverlag der Gemeinde, 2021, S. 113–114.

Helene Clodi-Titze, ***Mädchenakt***, um 1930,
Fotografie, 38,8 × 30 cm, Nordico Stadtmuseum Linz, Inv.-Nr. D 431

Helene Clodi-Titze, ***Kleiner Paddler, Traunsee***, um 1935,
Fotografie, 38 × 29,5 cm, Privatbesitz Traunkirchen

Helene Clodi-Titze, ***Am Ufer***, um 1930,
Fotografie, 25 × 30 cm,
Privatbesitz Traunkirchen

Hugo Grienberger, ***Landschaftsstudien (Badhaus Kirchschlag)***, 23.9.1869,
Aquarell auf Papier, 21,2 × 27 cm, Nordico Stadtmuseum Linz, Inv.-Nr. ÜT 1495/44

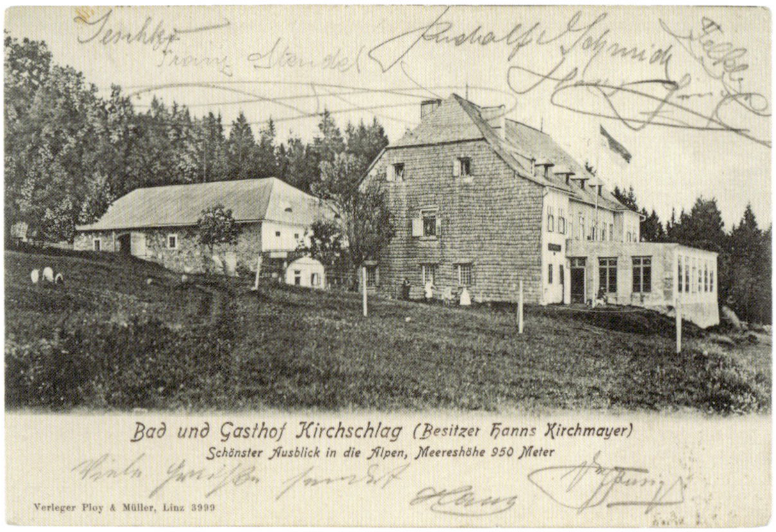

Verlag Ploy & Müller, Linz, ***Bad und Gasthaus Kirchschlag***, 1903,
Correspondenz-Karte, Nordico Stadtmuseum Linz, Inv.-Nr. NA-062082

Martin Sturm

Die Herrlichkeit des Berges: Adalbert Stifter und Kirchschlag

Reinhold Tauber, ***Voralpen über der Nebelschicht***, um 2015, Fotografie, Privatbesitz

„[…] so scharf grenzen oft warme und kalte Luft aneinander, daß die Oberfläche des Nebels von oben gesehen meistens eine waagrechte Fläche wie eine riesige ebene Tischplatte bildet." (siehe Fußnote 3, S. 524)

Reinhold Tauber, ***Rudolfsquelle am Osthang von Kirchschlag***, um 2015, Fotografie, Privatbesitz

„Ich hoffe, im nächsten Sommer eine genaue Zerlegung dieses Wassers veranlassen und vorlegen zu können […]. Das Wasser hat 5° R. und nur 2 3/10° Härte, ist also weicher als das berühmte Gasteiner Wasser […]. Nach zweistündigem Kochen ist es immer noch ungetrübt […]. Nur noch in Schweden sollen Wasser ähnlicher Art und von fast chemischer Reinheit vorkommen." (siehe Fußnote 3, S. 535f.)

Adalbert Stifter hatte eine lebenslange Beziehung zu Kirchschlag, das für ihn seit seinen Jugendjahren eine wichtige „Scheidelinie" auf dem Reiseweg vom Böhmerwald ins Alpenvorland war. Aber erst für den alten Schriftsteller wird Kirchschlag zu einem „Flucht-Punkt"[1] Er habe, schreibt er an einen Freund, den „Entschluss gefasst, den Winter in Kirchschlag zuzubringen, wo keine Nebel und Dunstschichten sind, und auserlesenes Wasser und unvergleichliche Luft ist." Linz hingegen „fürchte" er wegen des Wetters im Winter (Brief an Adolf Freiherr von Kriegs-Au, 11.10.1865).

Stifter litt an einem chronischen Leberleiden. Sieben ausgedehnte Kuraufenthalte zwischen 1865 und 1867 absolvierte der Schwerkranke, mehrere davon in Kirchschlag – 1865 gleich den ganzen Herbst und Winter. Die großen körperlichen und psychischen Spannungszustände seiner letzten Jahre sind in zahlreichen „Lebenszeichen", wie Stifter seine Briefe nennt, dokumentiert. Er begegnete seinem fortschreitenden körperlichen Verfall mit medizinisch verordneten Selbstbeobachtungen, die quälend genau festgehalten werden (vgl. Tagebuch *Mein Befinden*). Literarisch stilisierte Briefe mit Blick auf eine mögliche spätere Veröffentlichung wechseln mit verbalen Schmerzausbrüchen („Schwermut, Gram und Bitterkeit"), „Alles-wird-Gut"-Appelle mit Angstzuständen und Gesundungsfantasien, die sich am Ende allesamt als trügerisch herausstellen: „Und die Genesung des Körpers steht wie eine lichte Morgenröte an dem Rande dieses Feldes [der Zuversicht], und verspricht eine Sonne, welche die Früchte reifen wird" (Brief an Adolf Freiherr von Kriegs-Au, Dezember 1865).

Gleichzeitig ist das atmosphärische Naturerleben in der Höhenlage von Kirchschlag ein sehr beeindruckendes und aktivierendes Ereignis für Stifter. In Briefen beschwört er die heilende Kraft der Natur und zumindest für Momente fühlt er sich wie „in einem Meere von Seligkeit". Von der Tagespolitik versucht er sich abzuschirmen[2]. Hin und her gerissen zwischen dem Anspruch auf ein „mäßiges Leben" und seiner Essenslust lässt er sich Kapaune, Rebhühner, gebratene Tauben und vieles mehr samt Bier und Wein aus Linz heraufschicken. Stifter teilt seine Tagesabläufe penibel ein –, schreibt mit großer Disziplin an seinem historischen Roman *Witiko* und seinen späten Erzählungen und zeichnet Steine und Bergrücken. Ordnungsrituale, genau notierte Naturbeobachtungen, lange Spaziergänge und

1 Tauber, Reinhold: *Stifters Welt. Ein Theater.* Trauner Verlag + Buchservice GmbH. Linz 2015.

2 Lachinger, Johann: „Er stand auf dem Scheidepunkte und sah zurück …". Adalbert Stifter und Kirchschlag, in: *Vierteljahresschrift des Adalbert-Stifter-Instituts des Landes OÖ*, Jg. 35 (1986), Folge 1/2, S. 19 ff.

kulinarische Exzesse wechseln einander ab. Er hat in Kirchschlag auch soziale Kontakte, die ihm viel bedeuten. Seiner Frau schreibt er ausführliche Rechtfertigungs-Briefe für die lange Abwesenheit. Die trockene, „scharfe Klarheit" der Luft und die Sonnenlage faszinieren ihn, während Linz unten „Nebel und Kälte hat" oder „in einem blauen Brodem schwimm[t]". Dem grandiosen Panoramablick vom Breitenstein hatte er bereits Jahre vorher im *Waldgänger* (1847) ein Denkmal gesetzt; jetzt schreibt er naturwissenschaftliche Prosa und behandelt Phänomene wie Licht, Wärme, Luft und anderes. Die Abhandlung war für „interessierte Laien" (Claudia Lehner) geschrieben und erschien als Artikelserie im Frühjahr 1866 in der *Linzer Zeitung*. Nicht zufällig trägt sie den Titel seines Aufenthaltsortes: *Winterbriefe aus Kirchschlag*[3]. Insofern war Kirchschlag zumindest literarisch ein „Rettungsort" für den alten Stifter, auch wenn es nicht mehr zu der erhofften körperlichen Heilung kam.

Otto Kaiser, ***Adalbert Stifter, Porträt im letzten Lebensjahr***, 1867, Fotoreproduktion, 23 × 18 cm, Adalbert Stifter-Institut Archivnr. 1085

Von 1863 an litt Stifter an einer chronischen Krankheit. Er selbst fand in der Fachliteratur eine für ihn passende Bezeichnung: „Nervenleiden aus dem Unterleibe". Die Diagnose ist nicht eindeutig, vermutlich war es Leberzirrhose.

Verlag Joh. Brunthaler, ***Linz a. D., Untere Donaulände und Zollamtsstrasse, Hotel Erzherzog Karl, (dahinter Wohnhaus von Adalbert Stifter)***, 1907, Correspondenz-Karte, Nordico Stadtmuseum Linz, Inv.-Nr. NA-064029

3 Stifter, Adalbert: *Winterbriefe aus Kirchschlag*, 1866, zitiert nach: Verlag Winkler (Dünndruck-) Gesamtausgabe. Regensburg 1979, Band 5, S. 519 ff.

Gregor Graf, ***Stifter-Villa***, 2023,
Fotografie, 50 × 65 cm, Nordico Stadtmuseum Linz, Inv.-Nr. D 887

Zum vielbeschäftigten Linzer Baumeister Johann Metz unterhielt Stifter in Kirchschlag eine enge Beziehung. Dieser hatte unter anderem an der Donaulände das Haus gebaut, in dem Stifter wohnte (heute Adalbert-Stifter-Institut). Metz besaß in Kirchschlag zwei Villen – eine davon wird heute von der Gemeinde als multifunktionales (Kultur-)Zentrum genutzt.

Gregor Graf, ***Jahnheim in Kirchschlag (Hans Arndt, 1932)***, 2023,
Fotografie, 50 × 65 cm, Nordico Stadtmuseum Linz, Inv.-Nr. D 888

Typisches Holzhaus für Sportler*innen der 1930er-Jahre: Pultdach, handfeste Details, plakative Naturverbundenheit (F. Achleitner)

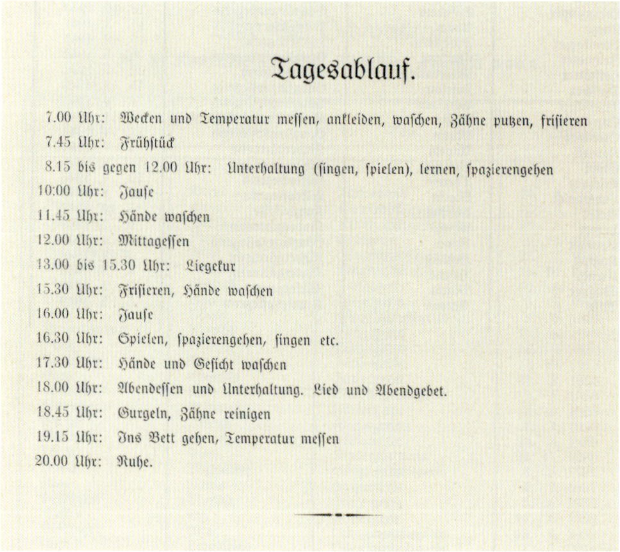

Tagesablauf.

7.00 Uhr: Wecken und Temperatur messen, ankleiden, waschen, Zähne putzen, frisieren
7.45 Uhr: Frühstück
8.15 bis gegen 12.00 Uhr: Unterhaltung (singen, spielen), lernen, spazierengehen
10:00 Uhr: Jause
11.45 Uhr: Hände waschen
12.00 Uhr: Mittagessen
13.00 bis 15.30 Uhr: Liegekur
15.30 Uhr: Frisieren, Hände waschen
16.00 Uhr: Jause
16.30 Uhr: Spielen, spazierengehen, singen etc.
17.30 Uhr: Hände und Gesicht waschen
18.00 Uhr: Abendessen und Unterhaltung. Lied und Abendgebet.
18.45 Uhr: Gurgeln, Zähne reinigen
19.15 Uhr: Ins Bett gehen, Temperatur messen
20.00 Uhr: Ruhe.

Unbekannt, ***Tagesablauf im Kindererholungsheim Kirchschlag***, um 1950,
Abb. in: ***25 Jahre Landeskindererholungsheim in Kirchschlag***, Festschrift,
Amt der o.ö. Landesregierung (Hrsg.), Linz 1950

Georg Wilbertz

Dem Brodem entkommen – Aspekte einer „Sommerfrische für alle“ in Mühlviertel und Salzkammergut

„Wir sehen an den heitersten Tagen von unserem Berge hinab über die Donau-Ebene und namentlich über Linz einen schmutzig blauen Schleier schweben, die Ausdünstung der Niederung und insbesondere die Ausdünstung der Menschen, Tiere, Schornsteine, Unratkanäle und anderer Dinge der Stadt. Der Mann, der aus der durchsichtigsten Bergklarheit auf diese Erscheinung nieder blickt, denkt unwillkürlich […] daran, dass die da unten in diesen Schwaden und Brodem leben müssen.“

Adalbert Stifter, *Winterbriefe aus Kirchschlag*, 1866

Vom rund 15 Kilometer nördlich von Linz gelegenen Kirchschlag aus blickt Adalbert Stifter bei seinen Aufenthalten in den Jahren 1865–67 hinunter auf die Stadt. Er nimmt Symptome der frühen Industrialisierung wahr und beschreibt sie eindrücklich. In Stifters Schilderung dürften die tatsächliche Beobachtung und ein bereits eingeführter literarischer Topos ineinanderfließen. Linz hatte zu dieser Zeit rund 27 000 Einwohner*innen, die Industrialisierung stand am Anfang. Aber gleichgültig, was Stifter von den klaren Höhen des Mühlviertels beobachtet haben mag: Der atmosphärische, oft als extremer Kontrast wahrgenommene Gegensatz von Stadt und Land gehört selbst im kleinstädtischen Linz zu den Wahrnehmungsrealitäten früher Industrialisierung. Stadt und Landschaft (Natur) entwickeln sich im 19. Jahrhundert zu kaum noch vereinbaren Antagonismen. Doch genau in dieser kaum überbrückbaren Gegensätzlichkeit steckt das enorme Potenzial, Stadt und Landschaft in ein neues Beziehungsgeflecht zu setzen. Der von der zermürbenden Realität wachsender Städte in Mitleidenschaft Gezogene bedurfte eines Raums der Erholung und der Heilung. Diesen boten Naturraum und Landschaft. Bevorzugte landschaftliche Lagen in Kombination mit Quellen, mit frischer, ungetrübter Luft und hellem Sonnenlicht entfalten im Kontrast zur Stadt ihre heilsame Wirkung. Gepaart mit den entsprechenden privaten und öffentlichen Vergnügungen wurde daraus um 1850 die Sommerfrische.

Im Gegensatz zu den „klassischen“ Regionen Salzkammergut und Semmering, die in den letzten Jahrzehnten die wissenschaftliche und populäre Literatur dominiert haben, gehört das Mühlviertel nicht zu den im Fokus stehenden Regionen, die mit dem schillernden Begriff „Sommerfrische“ verbunden werden. Der aktuelle Forschungsstand ist dementsprechend dürftig. Noch schwieriger gestaltet sich der in diesem Beitrag unternommene Versuch,

Einrichtungen und Institutionen einer „Sommerfrische für alle" im Mühlviertel und im Salzkammergut darzustellen. Die Entwicklung kann nur exemplarisch (Kinder- und Jugenderholungsheime, Kuranstalten etc.) anhand weniger Beispiele skizziert werden. Im Zentrum steht dabei die Situation der Zwischenkriegszeit. In dieser Phase entstanden jene sozial orientierten Strukturen und Einrichtungen, die unsere Vorstellung von Erholung und Fürsorge „für alle" bis heute maßgeblich prägen. Inzwischen haben sich allerdings die Rahmenbedingungen durch Tendenzen neoliberaler Privatisierung und die deutlichere Betonung des Freizeit- und Erlebnischarakters erneut gewandelt. Dies veränderte und verändert nicht nur die Orte und Einrichtungen, sondern hat erheblichen Einfluss auf die tatsächlichen Möglichkeiten, Angebote zur Erholung wahrzunehmen.

Jeder Ort eine Sommerfrische

Der Begriff der „Sommerfrische" wird in den beiden Jahrzehnten vor Beginn des Ersten Weltkriegs geradezu inflationär benutzt. Dies gilt auch für das Mühlviertel, in dem nahezu jeder einigermaßen schön gelegene Ort, der praktikabel mit der Eisenbahn oder anderen Verkehrsmitteln erreichbar war und über Unterkunftsmöglichkeiten verfügte, mit diesem Etikett belegt wurde. Entsprechende Broschüren, Verzeichnisse, Werbeanzeigen sowie Beilagen in den Zeitungen sorgten für die notwendige Information (landschaftliche Vorzüge, kulturelles Angebot, Anreise, Zimmerangebot, Versorgung etc.) des interessierten Publikums.[1] Das umfangreiche Informationsangebot ist Indiz dafür, dass die private Sommerfrische um 1900 zu einem weit verbreiteten Phänomen in Oberösterreich geworden ist. Allerdings kann von einer Sommerfrische „für alle" vor 1914 noch keine Rede sein. Bis zum Ersten Weltkrieg war die mondäne Sommerfrische, waren Kuren und touristisch ausgerichtete Erholungsaufenthalte an den traditionell eingeführten Hauptdestinationen vor allem eine Angelegenheit des begüterten Bürgertums. Zwar hatte sich die Situation für kleinere Beamt*innen und Angestellte am Ende des 19. Jahrhunderts verbessert[2], aber Arbeiter*innen und ihre Familien waren weiterhin von Urlaubsreisen ausgeschlossen.

Keinerlei Möglichkeiten existierten für besonders Benachteiligte wie alleinerziehende Mütter oder armuts- und krankheitsgefährdete Kinder. Obwohl für diese Gruppen ein großer Bedarf an individueller Erholung bestand, gab es vor 1914 kaum Einrichtungen, die diesen decken konnten. Private Initiativen oder philanthropisch ausgerichtete Vereine federten zwar die Bedarfsspitzen ab, ein allgemein zugängliches, staatlich gesichertes Angebot fehlte jedoch. Dieses wurde in Oberösterreich erst ab den frühen 1920er-Jahren geschaffen. Die destruktiven gesellschaftlichen und wirtschaftlichen Folgen des Weltkriegs und die angespannte Situation in Städten wie Linz (Arbeitslosigkeit, Armut, Wohnungsnot, mangelnde

1 Verschönerungsvereine sorgten durch die Ausweisung von Wanderwegen, das Aufstellen von Bänken und andere Maßnahmen zur Attraktivierung der Orte. Die größeren Orte gaben Werbe- und Informationsschriften heraus. Private Anbieter*innen warben in Zeitungsannoncen.

2 Verantwortlich waren hierfür die ersten verbindlichen jährlichen Urlaubsansprüche und eine sich stetig verbessernde Einkommenssituation.

Versorgung etc.) ließen Hilfsangebote dringlich werden. Fortan stand nicht mehr die Rekreation und das Amüsement einer mehr oder weniger saturierten Klientel im Mittelpunkt, sondern die Beseitigung sozialer und medizinischer Missstände. Der politisch-gesellschaftliche Rahmen war hierfür nach 1918 günstig.[3]

Die bis 1914 dominierenden Schichten der bürgerlich geprägten Gesellschaft verloren nach dem Weltkrieg an Einfluss. Entscheidender war jedoch der neue Freiraum für eine reformierte Sozialgesetzgebung, die den Anspruch vertrat, erstmals alle Teile der Bevölkerung zu berücksichtigen und die Lebensbedingungen der gesellschaftlich Schwächsten zumindest ansatzweise zu verbessern. Dies durchaus im Interesse der gesamtgesellschaftlichen Wohlfahrt. In der Wahrnehmung der Zeit gefährdeten Missstände wie Verwahrlosung, Krankheit und Verrohung bei Kindern und Jugendlichen die zukünftige Entwicklung der Gesellschaft und mussten eingedämmt werden. Fürsorge, Erholung und die Linderung medizinscher Probleme waren Bausteine dieser Politik. In diesem Zusammenhang kam es, nachdem sich die wirtschaftliche Lage Mitte der 1920er-Jahre in Oberösterreich gebessert hatte, unter anderem zur Gründung von Kindererholungsheimen. Zwar gab es bereits vor 1914 einzelne Institutionen, die Kindern und Jugendlichen Ferienaufenthalte ermöglichten.[4] Breit gefächert war auch das Angebot an Freizeit- und Ferienlagern, die von kirchlichen Jugendverbänden (z. B. *Pfadfinder*), politischen Gruppierungen (z. B. *Wandervögel*) und anderen Trägern angeboten wurden.[5] All dies war jedoch weit entfernt von einem staatlich garantierten und organisierten Angebot für Kinder und Jugendliche aus sozial gefährdeten Familien.

Verwahrlosung, Verrohung und Perspektivlosigkeit von Kindern und Jugendlichen wurden bereits während des Kriegs zu dringlichen Themen. Um der Lage Herr zu werden, wurde bereits 1916 in Oberösterreich die *Landeskommission für Kinderschutz und Jugendvorsorge* gegründet. Im Juni 1917 folgte in Linz das *Städtische Jugendamt*. Damit wurden noch vor 1918 die Grundlagen für eine öffentlich organisierte Kinder- und Jugendfürsorge gelegt. Der für die Zwischenkriegszeit entscheidende Schritt wird 1919 mit der Gründung des *Oberösterreichischen Landesjugendamts* getan. Das *Landesjugendamt* trieb nicht nur den Ausbau der notwendigen Erholungseinrichtungen voran. Es koordinierte auch die so wichtige Informations- und Aufklärungsarbeit, um die Oberösterreicher*innen über die Möglichkeiten der Kinder- und Jugendfürsorge und die entsprechenden Erholungsheime zu informieren.[6]

---

3 Grundlegend: Kreuzer, Bernd: Tourismus ohne Kaiser: Das Salzkammergut und die oberösterreichischen Kurorte zwischen den Weltkriegen, in: Landesarchiv Oberösterreich (Hrsg.): *Oberösterreich 1918–1938*, Bd. 2, S. 113–225.

4 Zu den frühen, bis heute erfolgreichen Institutionen gehört der bereits 1888 in Wien gegründete Verein *Ferienhort*, der seit 1911 den *Ferienhort* am Wolfgangsee betreibt.

5 Auf die komplexen Bezüge zwischen den in diesem Beitrag beschriebenen Entwicklungen und lebensreformerischen Bewegungen um 1900 kann hier nicht eingegangen werden.

6 Spitzenberger, Elfa: Kinderschutz und Jugendfürsorge in Oberösterreich während der Zwischenkriegszeit, in: Landesarchiv Oberösterreich (Hrsg.): *Oberösterreich 1918–1938*, Bd. 4, S. 207–259. Graf, Heidemarie: *Unser Kindl! 100 Jahre Kinder- und Jugendhilfe in OÖ. Soziale Fürsorge und Kinderschutz im Wandel der Zeiten.* Linz o. J. (2019).

Von Sommerfrischevillen zum Kindererholungsheim – Transformation in Kirchschlag

Der zuvor skizzierte, nach 1918 einsetzende Wandel von einer bürgerlich geprägten Sommerfrische zur Etablierung sozial orientierter Einrichtungen für bedürftige Bevölkerungsgruppen lässt sich exemplarisch für das Mühlviertel in Kirchschlag beobachten. Aufgrund der Lage und der wasserreichen Quelle entwickelt sich schon früh in Kirchschlag eine Badekultur, die ihr Zentrum im Badhaus beim „Bründl" hatte. Zum beliebten Sommerfrischeort wird Kirchschlag, dem allgemeinen Trend folgend, nach der Mitte des 19. Jahrhunderts. Nach 1870 entsteht ein lockeres Nebeneinander des bäuerlichen Dorfs mit einigen zeittypischen Villenbauten wohlhabender Linzer Familien, die den architektonischen Gestus vergleichbarer Bauten anderer Regionen ins Mühlviertel transportieren. In Kirchschlag zelebriert man in der relativen Einöde an den Wochenenden oder während der Sommerferien die bürgerliche Sommerfrische. Kulturelle oder kulinarische Angebote fehlen allerdings, der Aufenthalt in der Natur steht im Vordergrund.[7]

Steinparzer, ***Kirchschlag, Unterer Betrieb, Liegehalle***, um 1950,
Abb. in: siehe Fußnote 8

Wie in den übrigen Sommerfrischedestinationen endete zwischen 1914 und 1918 diese Nutzungsphase in Kirchschlag. Nun boten die ehemaligen Sommerfrischevillen des Dorfes die Möglichkeit zur Einrichtung des ersten oberösterreichischen Kindererholungsheims.[8] Federführend bei der Realisierung dieser Aufgabe wurde das oberösterreichische Landesjugendamt in Linz unter seinem 1923 berufenen Direktor Josef Zehetner (1889–1965). Zehetner erkannte, dass sich die städtische Notlage am Beginn der 1920er-Jahre vor allem auf mittellose und geringverdienende Familien, alleinstehende Mütter und gesundheitlich beziehungsweise seelisch gefährdete Kinder auswirkte. Immerhin wies Oberösterreich 1924/25 in Österreich die höchste Kindersterblichkeit bei Säuglingen bis zum ersten Lebensjahr auf. Verbunden mit Armut und Verwahrlosung waren nicht nur psychische Folgen wie zum Beispiel der häufig zu beobachtende Entwicklungsrückstand der Kinder. Auch gesundheitliche Folgen, vor allem Atemwegserkrankungen (Tuberkulose), führten zu erheblichen Beeinträchtigungen. Kirchschlag schien für die – zumindest zeitweilige – Linderung dieser Probleme der ideale Ort zu sein. Klima, Licht, Luft und Sonne sowie die abgelegene, ruhige Lage bei gleichzeitiger Nähe zu Linz boten für die Kindererholung die besten Voraussetzungen. Um die Einrichtung eines Kindererholungsheims finanziell abzusichern, wurde 1924 oberösterreichweit nach Wiener Vorbild die erste „Kinderrettungswoche" durchgeführt.[9] Der hierbei erzielte Erlös floss unter anderem in das Kindererholungsheim

Unbekannt, ***Kindererholungsheim-Kirchschlag-Ob.Öst.***,
Ansichtskarte
Abb. in: siehe Fußnote 8

---

7 Pfeffer, Franz: *Kirchschlag. Das Bergdorf am Breitenstein*, Linz 1962 (= Schriftenreihe des Institutes für Landeskunde von Oberösterreich 13), S. 78 ff.

8 Zehetner, Josef und Amt der OÖ Landesregierung (Hrsg.): 25 Jahre Landes-Kindererholungsheim in Kirchschlag, Festschrift, Linz 1950. Seemann, Stefanie: Das Kindererholungsheim des Landes Oberösterreich in Kirchschlag, in: Litschel, Rudolf Walter und Sperl, Hans (Hrsg.): *Kirchschlag. Ein Heimatbuch*, Linz 1971, S. 88–91.

9 In den Folgejahren fanden erfolgreiche Sammelaktionen unter der Bezeichnung „Oberösterreichische Kinderwoche" statt. Zehetner wollte durch diese Aktionen eine möglichst breite Öffentlichkeit erreichen und einbeziehen.

Unbekannt, *Badende Kinder im Pesenbach zur Erholung in Bad Mühllacken*, 20.8.1938, Fotografie, 12,5 × 17,5 cm, Nordico Stadtmuseum Linz, Inv.-Nr. NA-058621

Hans Wöhrl, *Windhaag bei Perg, Knaben-Ferienlager*, 1964, Fotografie, 18 × 13 cm, Nordico Stadtmuseum Linz, Inv.-Nr. NA-038352

Hans Wöhrl, *Pesenbachtal, Kinder-Zeltlager*, August 1961, Fotografie, 13 × 18 cm, Nordico Stadtmuseum Linz, Inv.-Nr. NA-034735

Kirchschlag.[10] Das Landesjugendamt erwarb in Kirchschlag zunächst die *Grienbergervilla* mit 24 Plätzen, in der ab dem Sommer 1925 die ersten Kinder ihre Erholungsferien verbrachten. Aufgrund des hohen Bedarfs folgte 1927 die *Deißingervilla* und 1930 die *Villa Scheindler*. Bis 1953 folgten noch zwei weitere Objekte.[11] Um eine ruhige, weitgehend wetterunabhängige Licht- und Luftkur zu ermöglichen, wurde 1925 die 35 Meter lange, weit geöffnete hölzerne Liegehalle errichtet. Die Einzelgebäude des Kindererholungsheims verteilten sich auf den oberen Betrieb (*Scheindlervilla*) und den unteren Betrieb. Ab 1939 konnten in den vier Häusern bis zu 115 Kinder untergebracht werden.[12] Der Betrieb war trotz der idyllischen Anmutung der genutzten Landhäuser aufwendig. Bereits Ende der 1930er-Jahre wurde deshalb die Idee entwickelt, durch eine großzügige Erweiterung der *Scheindlervilla* die Abläufe zu konzentrieren. Aufgrund der politischen Lage nach 1938 kam es nicht zur Realisierung. Statt Ausbau wurde 1966 ein Neubau nach Plänen der Wiener Architektin Helene Koller-Buchwieser (1912–2008) errichtet. Hierfür mussten bestehende Villenbauten abgerissen werden. Das neue Erholungsheim bot Platz für 200 Kinder und Jugendliche sowie räumliche Möglichkeiten, das Angebot an wechselnde Bedürfnisse und Therapieformen anzupassen (u. a. Behandlung von Entwicklungsrückständen, Sprachheilbehandlung etc.). Der Erfolg des ersten oberösterreichischen Kindererholungsheims in Kirchschlag zog andere Betreiber an. In der Folge wurden neben dem Landeskindererholungsheim Erholungsheime der Diözese Linz, der Oberbank Linz, des Gehörlosenvereins und der Zivilinvaliden im Ort betrieben. Hinzu trat das *Ferienheim Kinderland* der KPÖ. Die Konzentration derartiger Einrichtungen in Kirchschlag ist bemerkenswert und durch die Nähe zu Linz bedingt.

Dass Kirchschlag kein Einzelfall war, verdeutlicht die 1925 vom oberösterreichischen Jugendamt herausgegebene Broschüre *Fürsorge-Einrichtungen in Oberösterreich. Eine Zusammenstellung der namentlich für die Jugendvorsorge in Betracht kommenden Anstalten, Heime, Einrichtungen usw.*[13] In ihr sind, nach Funktionen getrennt, neben den staatlichen und öffentlichen auch die konfessionellen und privaten Einrichtungen aufgelistet. Sie befanden sich schwerpunktmäßig im Mühlviertel und im Salzkammergut. Um die Effizienz zu erhöhen, kooperierten alle Organisationen im Bereich der Erholungsfürsorge ab 1924 in der beim *Landesjugendamt Linz* angesiedelten *Geschäftsstelle für Ferienerholung*.[14]

Einen Kirchschlager Sonderfall stellt das 1932 nach Plänen des Linzer Architekten Hans Arndt (1904–1971) fertiggestellte Erholungsheim der deutschnational orientierten

F. W. Schrinner, ***Schwertberg, Ferienheim für Kinder***, 1901,
Fotografie, 11,5 × 16,5 cm, Nordico Stadtmuseum Linz, Inv.-Nr. NA-062471-b

10 Das zweite wichtige Projekt des Landesjugendamtes war die Adaptierung des in Linz-Urfahr am Fuß des Pöstlingbergs gelegenen Guts Riesenhof als Fürsorge- und Pflegeeinrichtung für Alleinerziehende mit Säuglingen und Kleinkindern sowie zur Unterbringung von elternlosen oder gefährdeten Kindern.

11 Die 1939 erworbene *Pramervilla* musste 1951 restituiert werden. Als Ersatz wurde 1953 der *Heinrichshof* gekauft und adaptiert.

12 Zwischen 1925 und 1949 kamen insgesamt 17 462 Kinder in den Genuss eines Erholungsaufenthaltes, bis 1970 waren es rund 36 000.

13 O.-Ö. Landesjugendamt (Hrsg.): *Fürsorge-Einrichtungen in Oberösterreich*, Linz 1925.

14 Ebd., S. 47.

Turngemeinde Jahn Linz-Lustenau dar. Es diente der Skiriege des Vereins als Quartier und als Austragungsort für Wettbewerbe. Arndt verbindet zeittypisch eine regionalistisch aufgefasste Holzblockbauweise mit einer moderat-modernen Formensprache. Das nicht allzu große Gebäude bot getrennte Matratzenlager für 12 Frauen und 28 Männer. 1962 wurde neben dem bis heute bestehenden *Jahnheim* ein architektonisch wenig anspruchsvoller Neubau errichtet.

Kur und Sommerfrische

Alfred-Gründler, ***Kur- u. Erholungsheim der O.Ö. Gebietskrankenkasse BAD–ISCHL (Salzkammergut)***,
Ansichtskarte, Nordico Stadtmuseum Linz, Inv.-Nr. NA-066167

Zwischen der Entwicklung des Kurwesens und der Etablierung der „Sommerfrische für alle" besteht eine enge Wechselbeziehung. Im Gegensatz zum Salzkammergut sind es im Mühlviertel vor allem die Kurorte und Bäder, die die Idee der „Sommerfrische für alle" vorantreiben. Während sich die mondänen Kurorte und Bäder des Salzkammerguts (allen voran Bad Ischl) traditionell bis 1914 vor allem an Wiener und ausländische Gäste wandten, blieben die touristischen Zusammenhänge im Mühlviertel (z. B. Bad Kreuzen, Bad Leonfelden und Bad Mühllacken) deutlich regionaler. Waren die stark auf Attraktionen und das Freizeitvergnügen hin ausgerichteten Kuraufenthalte vor 1914 vornehmlich eine gutbürgerliche Angelegenheit, so vollzieht sich in diesem Bereich nach 1918 ein Wandel hin zu Angeboten, die sozialer Prävention und allgemeiner Gesundheitsfürsorge dienen sollen. Unverzichtbare Voraussetzung hierfür war die Reform und Ausweitung der sozial orientierten Krankenversicherung und Krankenfürsorge.[15]

Aufgrund des Ausbaus des Kurwesens während des 19. Jahrhunderts waren die landschaftlichen, gesundheitlichen und therapeutischen Qualitäten und Vorzüge der traditionellen Kurorte in Salzkammergut und Mühlviertel bekannt. Außerdem konnte die bereits vorhandene Infrastruktur und Verkehrserschließung für den Ausbau von Erholungseinrichtungen durch die öffentliche Hand und die Krankenkassen in den Jahren nach 1918 genutzt werden. Folgerichtig konzentrierten sich die neuen Kur- und Erholungsheime „für alle" an den bereits eingeführten Orten.

Zu den wesentlichen medizinischen Herausforderungen der Zwischenkriegszeit gehörte weiterhin die Bekämpfung von Atemwegserkrankungen (vor allem Tuberkulose). Hierzu eigneten sich sommerliche Erholungsaufenthalte an klimatisch und landschaftlich bevorzugten Orten in besonderem Maße. Zu den Einrichtungen, die das Land Oberösterreich zu diesem Zweck schuf, gehörte der ehemalige Sommersitz der Großherzoge von Toskana in Buchberg-Traunkirchen. Das villenartige Landhaus in großartiger Lage wurde 1921 vom Land Oberösterreich erworben und bis zum Oktober 1922 in eine Lungenheilstätte umgewandelt. Sie bot Platz für 96 Männer und Jugendliche ab dem 16. Lebensjahr. Die Einführung der *Krankenkassen-Familienversicherung* im Jahr 1928 zog einen stetig wachsenden Bedarf für Frauen nach sich. Zunächst wurde für diese eine Frauenabteilung im zweiten Obergeschoß

15 Wegscheider, Angela: Soziale Krankenversicherung und Krankenfürsorge in Oberösterreich 1918–1938, in: Landesarchiv Oberösterreich (Hrsg.): *Oberösterreich 1918–1938*, Bd. 7, S. 171–250.

eingerichtet. Da deren Kapazitäten rasch an ihre Grenzen stießen, entschloss sich die oberösterreichische Landesregierung 1929 zu einem erweiternden Neubau mit Platz für 20 Frauen und vier Ehepaare. Ergänzt wurde der bauliche Bestand durch große Liegehallen und ein Isolierhaus.[16]

Zu den beliebtesten oberösterreichischen Kurhäusern der Zwischenkriegszeit gehörte die *Kuranstalt Sonnenheim* in Bad Hall. Sie wurde 1929 „unter Verwendung beträchtlicher Mittel" durch den *Verband der Krankenkassen Oberösterreichs* errichtet. Der hohe gestalterische Anspruch und die qualitätvolle Innenausstattung des Kurhauses erfüllten die Anforderungen der Zeit. Der Aufenthalt sollte nicht nur aus medizinischer Sicht erfolgreich, sondern für die Gäste in jeder Weise angenehm sein.[17] Zunächst war der Bau für den Aufenthalt von 76 Erwachsenen und 34 Kindern (in zwei Kinderschlafsälen) ausgelegt. Zwischen 1954 und 1956 wurde das Kurhaus umgebaut und die Anwendungsmöglichkeiten erheblich verbessert. Die oberösterreichischen Kinder mussten ab diesem Zeitpunkt in das *Kindererholungsheim der Stadt Wien* in Bad Hall ausweichen. Seit 2015 beherbergt das *Sonnenheim* das Projekt *MIA (Miteinander Auszeit)*, das Eltern und Kindern, die besonderen psychischen Belastungen ausgesetzt sind, gemeinsame, therapeutisch unterstützte Erholungszeit ermöglicht.

Unter den Kurorten bildet Bad Schallerbach einen Sonderfall. Der als Retortengründung ab 1921 in rasanter Geschwindigkeit zum beliebten Kurbad ausgebaute ländliche Ort Schönau konzentrierte alle Charakteristika eines neuen Kur- und Erholungsverständnisses während der 1920er-Jahre. Hauptsächlich verantwortlich für die städtebauliche Planung und die architektonische Gestaltung der Kuranlagen war der Linzer Architekt Mauriz Balzarek (1872–1945). Neben den repräsentativen Kuranlagen siedelten sich noch in den 1920er-Jahren verschiedene Träger mit ihren Kurheimen an. Diese wechselten in der Folge häufig ihre Besitzer. So wurde das heutige *Linzerheim* ab 1924 als Kurhaus des *Forst-Güterbeamtenverbandes Österreich* errichtet. 1939 wurde es zum Kurheim der *Allgemeinen Ortskrankenkasse-Oberdonau*. Heute gehört es als eines von drei oberösterreichischen Gesundheitszentren (neben Bad Schallerbach noch das *Haus Tisserand* in Bad Ischl und der *Hanuschhof* in Bad Goisern) zum Bestand der *Österreichischen Gesundheitskasse*. 1923/24 wird nach Plänen von Balzarek das *Kurhaus Austria* als Gendarmerie-Kurhaus errichtet. Ein Jahr später folgt mit dem *Schallerbacherhof* die *Heilanstalt der Bundes- und Landesangestellten*.

P. Ledermann, ***Bad Kreuzen, Ob.Oe., Eingang zur Kuranstalt***, 1936,
Ansichtskarte, Nordico Stadtmuseum Linz,
Inv.-Nr. NA-066165

Unbekannt, ***Erholungsheim des kath. Landeslehrervereines für Oberösterreich, Weyregg a. A.*** 1923,
Ansichtskarte, Nordico Stadtmuseum Linz,
Inv.-Nr. NA-064019

Unbekannt, ***Hotel Post, Weissenbach, (ehem. Erholungsheim der OeNB)***, o. D.,
Ansichtskarte, Nordico Stadtmuseum Linz,
Inv.-Nr. NA-066169

16 Weismann, Alois (Hrsg.): *Kranken- und Humanitäts-Anstalten in Ober-Oesterreich*, Linz 1931, S. 23 ff.

17 Ebd. S. 17 f.

Erholungsheime der Industrie

Hans Wöhrl, ***Bad Aussee, Roseggerheim***, Juli 1951, Ansichtskarte, Nordico Stadtmuseum Linz, Inv.-Nr. NA-018129

Exemplarisch zeigt Bad Schallerbach, wie breit gefächert die Szene der Träger von Kur- und Erholungseinrichtungen in der Zwischenkriegszeit war. Neben den traditionellen Trägern und den Krankenkassen unterhielten vermehrt wichtige Berufsverbände ihre eigenen Häuser. Große Industrieunternehmen vollzogen diese Entwicklung nach. So unterhielt der Wohlfahrtsverein der österreichischen Tabakregie fünf Erholungsheime für die Mitarbeiter*innen der Linzer Tabakfabrik. Die Erholungsheime in Bad Schallerbach und Bad Aussee waren den Beamt*innen vorbehalten, während für die Arbeiterschaft drei Heime in Kärnten zur Verfügung standen.[18]

Auch die *VOEST* unterhielt Erholungsheime für Betriebsangehörige und organisierte für deren Kinder Ferienaufenthalte. Von 1956 bis 1971 wurde eine Almhütte für 40 Personen auf dem Krippenstein im Dachsteingebirge betrieben. Zeitgleich wurde eine weitere Hütte auf der Tauplitz genutzt, die Anfang der 1960er-Jahre durch einen Neubau für rund 100 Gäste ersetzt wurde. Das modernisierungsbedürftige Gebäude wurde 1989 verkauft und spiegelt damit einen allgemeinen Trend im Kontext neoliberaler Wirtschaftsoptimierung wider. Die Unterhaltung betriebseigener Erholungs- und Fürsorgeeinrichtungen fiel – nicht nur bei der *VOEST* – den neuen Vorstellungen ökonomischer Effizienz zum Opfer.

Nach 1945 – Blütezeit, Strukturwandel und Krise

Der Zweite Weltkrieg stellte einen erneuten tiefgreifenden Einschnitt für die beschriebenen Einrichtungen dar. Sie dienten während des Kriegs in der Regel als Lazarette oder für die Gesundung der Soldaten nach Kriegsverletzungen. Erholung und Fürsorge wurden, wenn überhaupt existent, den kriegsbedingten Bedürfnissen unterworfen. Nach 1945 kam es zu einer Wiederbelebung des Sozialstaats auf der Basis der zwischen 1918 und dem Beginn der 1930er-Jahre in Österreich durchgeführten Reformen. Parallel zur wirtschaftlichen Entwicklung wurden die sozialen und gesundheitlichen Leistungen ab den 50er-Jahren bis zum Ende der 70er-Jahre ausgebaut. Erst in dieser Phase kommt es zu grundlegenden, bis heute spürbaren Veränderungen, die sich durchaus negativ auf die sozialen Leistungen und die Gesundheitspolitik ausgewirkt haben. Der Übergang von einem solidarisch geprägten zu einem mehr und mehr ökonomisch orientierten System hatte erhebliche Konsequenzen für die Institutionen und Einrichtungen, die bis dahin die „Sommerfrische für alle" (im Sinn von Erholung, Heilung etc.) getragen haben.[19]

Exemplarisch für die skizzierte Entwicklung soll hier abschließend auf das *Kurheim Hanuschhof* in Bad Goisern eingegangen werden. Zwischen 1952 und 1954 wurde der

18 Fellner, Sabine und Thiel, Georg: Austria Tabak als Arbeitgeber – Soziales und Wohlfahrt, in: Andrea Bina et al. (Hrsg.): *Tabakfabrik Linz. Kunst, Architektur, Arbeitswelt*, Linz 2010, S. 66–68, S. 67f.

19 Tálos, Emmerich und Obinger, Herbert: *Sozialstaat Österreich (1945–2020). Entwicklung–Maßnahmen–internationale Verortung*, Innsbruck/Wien 2020; Tálos, Emmerich: Der Sozialstaat – Vom „goldenen Zeitalter" zur Krise, in: Sieder, Reinhard et al. (Hrsg.): *Österreich 1945–1995. Gesellschaft, Politik, Kultur.* Wien 1995, S. 537–551.

anspruchsvolle Bau anstelle der abgerissenen *Conradivilla*, die bis 1951 als *Sanatorium Parkhotel* fungierte, durch die *Oberösterreichische Gebietskrankenkasse* errichtet. Die an den Sozialpolitiker Ferdinand Hanusch (1866–1923) erinnernde Namensgebung verdeutlicht den besonderen Rang des Kurheims. Es wurde durch den damaligen Bundespräsidenten Theodor Körner eröffnet.

Kureinrichtungen und Erholungsheime wie der Hanuschhof dienten vorrangig der Gesundheitsfürsorge. 1960 gibt die *Oberösterreichische Gebietskrankenkasse* vier Broschüren zu ihren Heimen in Bad Ischl, Bad Schallerbach, Bad Hall und Bad Goisern heraus. Unter dem Titel *Die erweiterte Heilfürsorge in den Heimen der O.-ö. Gebietskrankenkasse für Arbeiter und Angestellte* werden nicht nur die jeweiligen Einrichtungen vorgestellt. In den einleitenden Kapiteln werden die Gäste zudem ermahnt, sich die soziale Dimension der ihnen gebotenen Leistungen vor Augen zu führen. Hinter diesen stehen laut Text „ethische Aufgaben“ aus denen die Verantwortung des Einzelnen für die Solidargemeinschaft und die österreichische Gesellschaft als Ganzes erwachsen. Keine der Leistungen dürfe als Selbstverständlichkeit angesehen werden. In einem Kurheim wie dem *Hanuschhof* geht es also nicht mehr nur um Erholung und Gesundung oder gar die unbeschwerte Sommerfrische. Der *Hanuschhof* versteht sich zugleich als Instrument der Gesellschaftsbildung, das entsprechend gewürdigt werden muss. Auf dem Höhepunkt der sozialstaatlichen Erfolgsgeschichte, wie sie die 1960er-Jahre in Österreich darstellen, scheint eben dieser Sozialstaat einer selbstverständlichen Inanspruchnahme seiner Wohltaten vorbeugen zu wollen.

Bereits zu Beginn der 1970er-Jahre kommt der *Arbeitsausschuss Kurorte* zu dem Ergebnis, dass man sich auch in den oberösterreichischen Kurorten auf den bisherigen Erfolgen ausgeruht und die Wettbewerbsfähigkeit unter der Veraltung des Angebots, der Häuser und der mangelnden Qualität der Dienstleistungen erheblich gelitten habe. Man definiert einen ambitionierten Maßnahmenkatalog, der die Missstände beseitigen soll. Es kommt jedoch nur sehr eingeschränkt zur Umsetzung, da die nun einsetzende Abkehr von der bisherigen Linie ganz andere Ursachen hat.

Neoliberalismus, Kostendruck, wirtschaftlicher Erfolg und Konkurrenz mit privaten Anbietern führen spätestens seit Mitte der 1980er-Jahre zu einem stetigen Abbau der früher garantierten Angebote und Leistungen. Das leicht verschlafene öffentliche Kur- und Erholungswesen des „goldenen Zeitalters des Sozialstaats“ (Emmerich Tálos) weicht mehr und mehr privaten Anbietern, die auf zunehmende Eigenleistung der Gäste und eine permanente Attraktivierung des Angebots setzen, um im sich ausweitenden privatwirtschaftlichen Konkurrenzkampf erfolgreich zu bleiben. Betriebseigene Erholungsheime sind inzwischen weitestgehend verschwunden. Und auch Einrichtungen wie das *Gesundheitszentrum Hanuschhof* in Bad Goisern unterliegen trotz ihrer Absicherung durch die *Österreichische Gesundheitskasse* einem erheblichen Anpassungsdruck. Sicher, noch immer lässt es sich gut kuren in Oberösterreich, doch die Blütezeiten einer „Sommerfrische für alle“ sind inzwischen Geschichte.

Brigitte David-Gründler, ***Hanuschhof, Heim der OÖ. Gebietskrankenkasse in Bad Goisern (Salzkammergut)***, um 1980, Ansichtskarte S 797, Nordico Stadtmuseum Linz, Inv.-Nr. NA-066166

Unbekannt, ***Erholungsheim der Tabakfabrik Linz in Bad Aussee, Dorrekheim***, 1936,
Fotografie, 16,3 × 24,2 cm, Nordico Stadtmuseum Linz, Inv.-Nr. NA-064465

Klemens Brosch, ***Badesteg***, 1911,
Aquarell, 33,3 × 25 cm, OÖL-KG, Inv.-Nr. Ha II 1413

Karl Hauk, ***Sommer im Salzkammergut***, 1956,
Gouache, 60 × 44 cm, Kunsthandel Widder GmbH

Maria Lassnig, ***Swimmingpool***, 1986,
Kupferstich aquarelliert, 16/50, 36 × 45 cm,
Lentos Kunstmuseum Linz, Inv.-Nr. G 4830

Christian Ludwig Attersee, ***Schnörkelsport***, 1990,
Mischtechnik auf Papier, 44 × 31,2 cm,
Lentos Kunstmuseum Linz, Inv.-Nr. G 5568

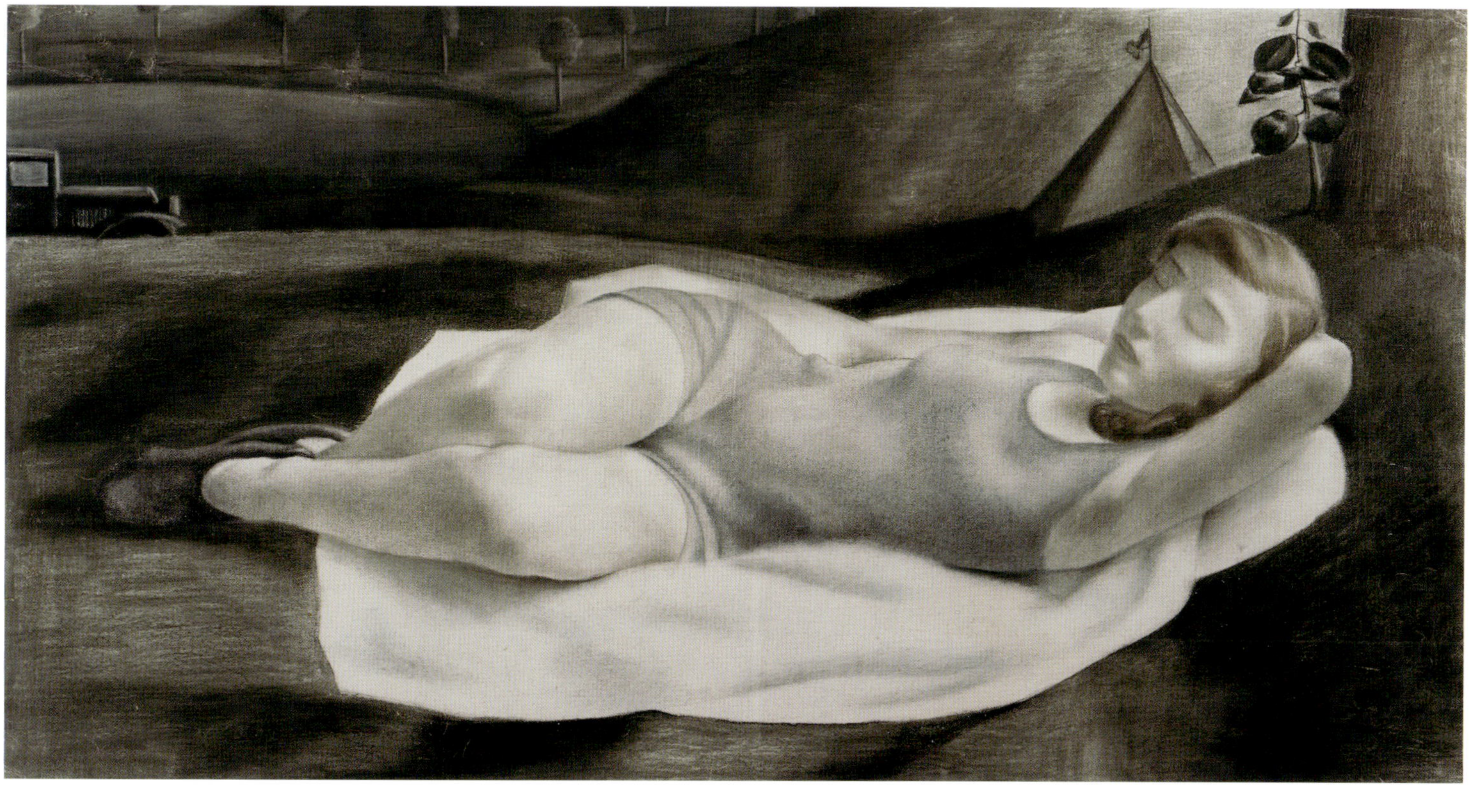

Robert Angerhofer, ***Liegendes Mädchen im Badeanzug***, 1935–1940,
Kreide, 62 × 116 cm, Nordico Stadtmuseum Linz, Inv.-Nr. ÜT 102485

Margit Feyerer-Fleischanderl, ***Sitzende Dame mit Schirmkappe***, 2004,
Keramik bemalt, H 22 cm, Nordico Stadtmuseum Linz, Inv.-Nr. P 1218

Stefan Oláh, ***Attersee II***, 2022,
Pigment-Print, 126 × 100 cm, Courtesy Galerie Rauminhalt

Stefan Oláh, ***Attersee I***, 2022,
Pigment-Print, 126 × 100 cm, Lilli Hollein, Wien

Stefan Oláh, ***Attersee III***, 2022,
Pigment-Print, 126 × 100 cm, Nordico Stadtmuseum Linz, Inv.-Nr. D 886

Daniel Leidenfrost, ***Sprungturm Seewalchen***, 2010,
Leuchtkasten, Diasec, 50 × 70 × 10 cm,
Sammlung Anna Stein

Bibiana Weber, ***Badehütten***, 2009,
Stahl lackiert, Holz, L 38,5 cm, B 20 cm, H 23 cm, Nordico Stadtmuseum Linz, Inv.-Nr. O 403

Karl Hayd, ***Gmundner Städt. Strandbad mit Blick gegen den Traunstein***, 1928,
Ansichtskarte nach Ölgemälde, Künstlerkarte Nr. 46,
Nordico Stadtmuseum Linz, Inv.-Nr. NA-062772

Karl Hayd, ***Gmundner Städt. Strandbad mit Blick gegen Süden***, 1928,
Ansichtskarte nach Ölgemälde, Künstlerkarte Nr. 47,
Nordico Stadtmuseum Linz, Inv.-Nr. NA-066173

Karl Hayd, ***Gmundner Städt. Strandbad***, 1928,
Ansichtskarte nach Ölgemälde, Künstlerkarte Nr. 46 [sic],
Nordico Stadtmuseum Linz, Inv.-Nr. NA-066174

Unbekannt (K.), ***Gmundner Strandbad***, um 1930,
Ansichtskarte, Nordico Stadtmuseum Linz,
Inv.-Nr. NA-066163

Verlag Habernal & Lindl, Wien, ***Gmunden O. Ö. Strandbad gegen d. Traunstein***, 1928,
Ansichtskarte, Nordico Stadtmuseum Linz,
Inv.-Nr. NA-066162

F. E. Brandt, ***Salzkammergut Gmunden Strandbad***, 1928,
Photochromiekarte 169, Nordico Stadtmuseum Linz,
Inv.-Nr. NA-066142

Unbekannt, ***Mädchen mit Wasserball***, um 1925,
Fotografie, 11 × 7,5 cm, Nordico Stadtmuseum Linz,
Inv.-Nr. NA-066178

Unbekannt, ***Ruderpartie Familie Weissenfels am Attersee***, um 1925,
Fotografie, 9 × 11 cm, Nordico Stadtmuseum Linz, Inv.-Nr. NA-066176

Unbekannt, ***Männer im Badekostüm***, um 1925,
Fotografie, 11,5 × 8 cm, Nordico Stadtmuseum Linz,
Inv.-Nr. NA-066179

Michael Neumüller, ***Unter der Brause***, 1938,
Fotografie, 39,5 × 29,5 cm,
Nordico Stadtmuseum Linz, Inv.-Nr. D 408

Unbekannt, ***Zwei Damen in Badebekleidung***, um 1900,
Fotografie, 10,7 × 7,6 cm, Nordico Stadtmuseum Linz,
Inv.-Nr. NA-062822

Inge Thaller, ***Heiße Tage zur Badezeit***, um 1950,
Collage, Feder, Aquarell, Zeitungsausschnitte, 42,8 × 61 cm,
Nordico Stadtmuseum Linz, Inv.-Nr. Gr 4089

Unbekannt, ***Herta Weissenfels am Traunsee***, 1948,
Fotografie, 13,5 × 8,5 cm, Nordico Stadtmuseum
Linz, Inv.-Nr. NA-066180

Unbekannt, ***Am Segelboot***, um 1960,
Fotografie, 16,5 × 12,5 cm, Privatbesitz

Unbekannt, ***Kinder im Schlauchboot, Dexlbach am Attersee***, um 1970,
Fotografie, 9 × 12,5 cm, Privatbesitz

Unbekannt, ***Segelboot „Pirat" am Attersee***, 1979,
Fotografie, 13 × 9 cm, Privatbesitz

Unbekannt, ***Im Attersee, Litzlberg***, 2000,
Fotografie, 10,5 × 15 cm, Privatbesitz

Unbekannt, ***Schwimmvergnügen in Weissenbach am Attersee***, 2001,
Dia, Privatbesitz

Unbekannt, ***Ausfahrt mit Schwan, Weissenbach***, 1989,
Dia, Privatbesitz

F. Mayer, ***Hellmonsödt, Freibad***, 1931,
Ansichtskarte, Nordico Stadtmuseum Linz, Inv.-Nr. NA-062787

Ferdinand Nenning, ***Rodlbad bei Gramastetten***, 1908,
Ansichtskarte, Nordico Stadtmuseum Linz, Inv.-Nr. NA-062062

Otto Hainzl, ***„Weissagung“***, aus der Serie: ***WIR – Dramaturgie des sozialen Lebens***, 2021,
Kunstdruck auf Büttenpapier, 100 × 71 cm, Courtesy the artist

Lisa Schmidt

Die Sommerfrische ist tot, es lebe die Sommerfrische!

Im Mühlviertel

„Mit seinen bewaldeten Bergkuppen und tiefeingeschnittenen Flußtälern birgt das Mühlviertel ungeahnte landschaftliche Schönheiten. Es ist das Land der stillen, waldumsäumten Sommerfrischen, ein Erholungsgebiet, dessen Besuch jedem zu empfehlen ist, der unberührtes und urwüchsiges Land, dunkle Wälder, weltferne Dörfer und einsame Ruinen liebt."[1]

Diese Bewerbung für eine Reise in das nördlichste Viertel Oberösterreichs formulierte das *Österreichische Verkehrsbüro* in den 1950er-Jahren. Viele der verwendeten Bilder werden nach wie vor im Marketing für die Region eingesetzt. Wem das Mühlviertel ein Begriff ist, der denkt wahrscheinlich an eine Kulturlandschaft, die relativ kleinstrukturiert funktioniert. Sie wird weitläufig mit Tradition und Brauchtum, Handwerk und Landwirtschaft assoziiert – keinesfalls mit Tourismus. Das Mühlviertel war auch nie ein Ziel der klassischen Sommerfrische.

Erst in jüngster Zeit taucht dieser Begriff generell wieder vermehrt auf. Dabei gaben sich die „alte" und die „neue" Sommerfrische die Hand. Während in den 1990er-Jahren die letzten Sommerfrische-Familien eisern ihre traditionellen Beherbergungsunterkünfte zumindest für ein bis zwei Wochen aufsuchten, entdeckten viele den Reiz der stadtnahen Erholungsräume als Kurzurlaub oder Ausflugsdestination erneut für sich. Gerade von Linz aus birgt auch das Mühlviertel neue alte Sehnsuchtsorte neben dem großen Player im Süden des Bundeslandes: dem Salzkammergut.

„Alte" und „Neue" Sommerfrische?

Während Wolfgang Kos feststellt, dass es sich bei dem Begriff der Sommerfrische ab 1970 um einen bereits „veralteten" handelt,[2] beobachtet Peter Payer, dass die Sommerfrische „seit Ende der 1980er-Jahre von der historischen Forschung in Österreich gewürdigt worden"[3] ist – ein ebenso sicheres Zeichen dafür, dass es sich zu diesem Zeitpunkt um ein vom Aussterben bedrohtes Phänomen handelte. Als Gegenprobe können wir uns eine klassische

1 Österreichisches Verkehrsbureau (Hrsg.): *Reisen in Österreich*, Bd. 10: Wachau/Strudengau/Waldviertel/Mühlviertel, Wien o. J. (1954), S. 39.

2 Kos, Wolfgang: „einheimische zweiheimische halbheimische" Wenn Fremde Heimatrecht beanspruchen oder Die Sommerfrische als Übungsgelände bürgerlicher Sentimentalität, in: Csáky, Moritz und Stachel, Peter (Hrsg.): *Die Verortung von Gedächtnis*, Wien 2001, S. 179.

3 Payer, Peter: Sommerfrische. Ein bürgerliches Ritual als Sehnsucht nach antiurbanen Sinnesreizen, in: Opll, Ferdinand und Scheutz, Martin (Hrsg.): *Fernweh und Stadt. Tourismus als städtisches Phänomen*, Innsbruck 2018, S. 77.

bürgerliche Sommerfrische um die Jahrhundertwende aus heutiger Sicht vorstellen: Die Hausangestellten reisen zeitgerecht mit unzähligen Koffern und Kisten vor, um den Haushalt in der temporären Heimat einzurichten. Tags darauf trifft die Familie ebenfalls nach stundenlanger Anreise am bewährten Ort ein. Es ist Juni. Der „Herr des Hauses“ ermöglicht finanziell den gesamten Aufenthalt, reist selbst erst verspätet an und wird gelegentlich wieder abreisen oder ohnehin nur an den Wochenenden den Aufenthalt teilen, da er weiter seinen Geschäften in der Stadt nachgeht. In der saisonalen Nachbarschaft knüpft man keine neuen Bekanntschaften, sondern trifft auf alte Bekannte, die dem alljährlichen Rhythmus der Sommerfrische ebenso folgen wie man selbst. Bis September wird man hierbleiben, ohne Kontakt mit der lokalen Bevölkerung zu suchen – man ist ja unter sich – und seinen gewohnten Ritualen nachgehen.

Ein Szenario, das aus unterschiedlichsten Gründen heute weder realisierbar noch in all seinen Aspekten erstrebenswert scheint. Wie kann man dennoch von einer Fortsetzung dieser Tradition sprechen? Zu augenfällig sind die Diskrepanzen zwischen dem heutigen sommerlichen Reiseverhalten und dem damaligen Ritual des Bürgertums.

Kaum eine Familie kann es heute zeitlich, beruflich oder finanziell vereinbaren, über mehrere Monate hinweg seinen Hauptwohnsitz aufs Land zu verlegen. Wenn, dann meist durch Eigentum. So werden Zweitwohnbesitzer*innen gerne als die Erb*innen der Sommerfrischler*innen begriffen. Faktisch gibt es sie natürlich auch im Mühlviertel und sie wurden, wie überall in Österreich, seit der Covid-19-Pandemie mehr, aber statistisch sind die „Wochenendler“, wie man sie hier nennt, unterdurchschnittlich repräsentiert.[4]

Die Tendenz geht ohnehin zu einem gegenteiligen Trend: man ist kurzfristiger, öfter und dafür kürzer unterwegs. Genau hier liegt die erneute Zuwendung zu schnell erreichbaren Destinationen. Der Wirtschaftsboom der Nachkriegszeit und die errungenen geregelten Urlaubszeiten für einen immer größeren Teil der Bevölkerung ermöglichten Individualreisen in neue Gebiete. Insbesondere das Meer rückte näher. Heute wird über den einen Sommerurlaub hinaus nach einer guten Work-Life-Balance gestrebt, dessen essenzieller Bestandteil das wiederkehrende Ausbrechen aus dem Alltag ist. Die Erreichbarkeit solcher Auszeit-Orte ist so stark gewachsen, dass man sich nicht mehr auf einen einzigen immer wiederkehrenden Ort beschränkt. Da der Weg nicht weit ist und man ohnehin flexibel und spontan agieren möchte, sind Anlässe wichtige Anreize, um die Unternehmungen zu starten: seien es Veranstaltungen oder einfach nur das passende Wetter. Eine, wenn auch temporäre, Sesshaftigkeit erübrigt sich.

Diese Entwicklungen wurden zuletzt auch von globalen und nationalen Ereignissen (Covid-19-Pandemie, Teuerung) begünstigt. Wesentlich brachte die Pandemie Remote-Work nachhaltig in die Haushalte, welche viele von ihrem Arbeitsort ungebundener werden

---

4 Im Mühlviertel kommen auf 100 Hauptwohnsitze 9,8 Nebenwohnsitze, während es bundesweit 15,5 sind. Anders als im Salzkammergut gibt es hier auch keine außerordentlichen Ausreißer wie bspw. in Nußdorf am Attersee: 245, Attersee am Attersee: 113, Steinbach am Attersee: 143. STATISTIK AUSTRIA, Statistik des Bevölkerungstandes (Stand Februar 2023).

ließ. Nur wenige leben dadurch als „digitale Nomaden“[5] und arbeiten gänzlich von verschiedensten Orten aus. Eher wird die Nachfrage Co-Working-Spaces auch nur tageweise nutzen zu können, in Zukunft noch steigen. Ein entsprechendes räumliches Angebot für Anrainer*innen wie auch Gäste ist im Mühlviertel beispielsweise in Neumarkt im Mühlkreis oder Gallneukirchen bereits verfügbar.

Hier lässt sich bereits ablesen: Diese Renaissance stellt sich gesellschaftlich und in ihrer Art der Umsetzung deutlich breiter auf als ursprünglich. Man muss den Begriff der Sommerfrische zwar wesentlich freier fassen, um von einer Fortsetzung der alten Tradition zu sprechen, aber es bestehen zweifellos Parallelen. Angefangen bei den Rahmenbedingungen während ihrer jeweiligen Entstehung: Kennzeichen sind „eine ausgeprägte Welle der Urbanisierung und Modernisierung, die zunehmende Beschleunigung und Verdichtung des Alltagslebens, der flächendeckende Ausbau von Verkehrs- und Kommunikationsnetzen (früher Eisenbahn, heute Internet) – und als Gegentrend: die anhaltende Sehnsucht nach Entschleunigung.“[6]

Schnittmengen gibt es also bei den Motiven und dem urbanen Ausgangsort. Die Sommerfrische ist weiterhin den Städter*innen vorbehalten.[7] Und es geht um das Aufsuchen einer Umgebung mit Qualitäten, die der Wohnort (in diesem Moment) nicht bietet. Früher wie heute will man mit der Flucht aufs Land der städtischen Hektik, der angestauten Hitze, der schädlichen Luftqualität und dem permanenten Verkehrslärm entkommen. Stattdessen auf der Wunschliste: Erholung und Entschleunigung, Aktivität und Erleben genauso wie Genuss.[8]

Ein letzter Aspekt, der schon öfter gefallen ist und dennoch hervorgehoben werden muss, ist die Wahl der Destination. Sie darf nicht zu weit vom Wohnort liegen und gut erreichbar sein.[9] Die Gegend muss ästhetisch etwas bieten, ein Wohlfühlraum sein. Dafür gibt es „zwei Möglichkeiten, Wasser oder Berg oder beides. Ebene kann es nicht sein“.[10] Für Linz ergibt sich hierfür eine klare Auswahl: Salzkammergut oder Mühlviertel. In diesem Duell

---

5 Miklin, Martha: *Quo vadis, Sommerfrische?*, o. J., https://www.dna-semmering.com/journal/quo-vadis-sommerfrische, zuletzt aufgerufen am: 16.12.2023.

6 Payer 2018 (s. Anm. 3), S. 103.

7 Ende des 19. Jahrhunderts brachen es die Gebrüder Grimm in ihrem deutschen Wörterbuch bereits auf dieses Charakteristikum herunter. Sie definieren die Sommerfrische einfach als „Erholungsaufenthalt der Städter auf dem Lande zur Sommerzeit“. Vgl. Payer 2018 (s. Anm. 3), S. 81.

8 Ein Forschungsprojekt der Universität für Bodenkultur zeichnete die Motive der Wiener*innen für ihr „Revival der Sommerfrische“ nach, die sich mit jenen der Linzer*innen decken dürften. Man wolle „Vielfalt erleben“ (Neues kennenlernen und ausprobieren, Interesse an Kultur und Kulinarik), „sportlich aktiv“ sein (Gesundheit, Wohlbefinden, Naturerlebnis) und „naturnahe Erholung“ (Genuss, Entspannung, Entschleunigung). Brandenburg, Christiane et al.: *REFRESH! Revival der Sommerfrische. Aus der städtischen Hitze in die Sommerfrische. Inspirationen für stadtnahe Destinationen*, Rahmendokument, Wien 2018, S. 31 ff.

9 Vgl. Jorda, Thomas und Kos, Wolfgang: Die Sommerfrische ist kein Urlaub. Ein Interview mit Wolfgang Kos, in: Hauenfels, Theresia und Jorda, Thomas: *Wohnen im Sommer. Das Phänomen Sommerfrische*, St. Pölten 2009, S. 213.

10 Ebd., S. 216.

Gregor Graf, ***„Gatschinsel" in Ottensheim***, 2023,
Fotografie, 50 × 65 cm, Nordico Stadtmuseum Linz, Inv.-Nr. D 889

Gregor Graf, ***„Rodlbudl" in Ottensheim***, 2023,
Fotografie, 50 × 65 cm, Nordico Stadtmuseum Linz, Inv.-Nr. D 890

hat das Mühlviertel zwei Asse im Ärmel: Es ist zum einen touristisch weniger genutzt und zum anderen schließt es an den Stadtraum unmittelbar an, daher liegt es in Poleposition. Die Erholungsräume können von Linz aus sogar in Tagesausflügen mit dem Rad oder als Wanderung ohne weitere Anreise erreicht werden. Dafür bieten sich beispielsweise die Giselawarte in Lichtenberg, der Pfenningberg, die Koglerau oder Ottensheim mit einem erfrischenden Sprung in die Donau bei der *Gatschinsel* und einer anschließenden Einkehr in der *Rodlbudl* oder am wöchentlichen Freitagsmarkt an.[11]

Linz im Mühlviertel

Touristisch profitiert das Mühlviertel heute von seiner Randlage im 20. Jahrhundert, die es zuvor für den Fremdenverkehr unattraktiv machte. Nach dem Zweiten Weltkrieg wurde die Donau zur Demarkationslinie für die Besatzungsmächte. Das nördliche Gebiet des Grenzstroms fiel unter sowjetische Kontrolle. 1949 wurde auch im Norden des Mühlviertels eine unüberwindbare Grenze eingezogen: der Eiserne Vorhang. Erst dessen Fall 1989 und die damit einhergehende Öffnung der tschechischen Grenze brachte Aufschwung.[12]

Ein erster touristisch relevanter Anstieg stellte sich zwar wie vielerorts in den 1970er-Jahren ein, dieser ebbte aber in der darauffolgenden Dekade spürbar ab. 1990 hatten sich dann die Ankünfte der nächtigungswilligen Gäste (nur diese werden statistisch erfasst) gegenüber den 1970er-Jahren schlagartig verdoppelt. Ein weiterer Motor war der EU-Beitritt Österreichs 1995, der Geld durch den *Europäischen Fond für regionale Entwicklung (EFRE)* brachte und schließlich auch der EU-Beitritt Tschechiens, der die Grenzregion Deutschland–Tschechien–Österreich nochmal näher zusammenrücken ließ.[13]

Diese Grenzregion – zur Zeit des Eisernen Vorhangs militärisch entsiedelt und heute Teil des Grünen Bands – sowie der ebenfalls siedlungsunfreundliche Donauraum sind heute die Hauptschauplätze der Mühlviertler Naherholung.[14] Das spiegelt sich auch in den Gemeinden, die sich in Tourismusregionen zusammengeschlossen haben, wider. Vertreten sind vorrangig Ortschaften in der nördlichen Peripherie, wo die Bevölkerung ohne markante Regionalentwicklung kontinuierlich abnimmt, und jene entlang der Donau. Dazwischen und rund um Linz sind dagegen nur wenige Gemeinden touristisch organisiert. Sie wachsen aufgrund ihrer Stadtnähe und sind geprägt von Pendler*innen.

Im Norden des Mühlviertels, wo sich Fuchs und Hase sprichwörtlich „Gute Nacht" sagen, haben sich in den vergangenen Jahren einige Viersternehotels mit Spezialisierung auf Wellness angesiedelt. Hierin manifestiert sich eine Neuorientierung, die seit den

11 Bei den genannten Beispielen in diesem Text handelt es sich um eine persönliche Auswahl. Für mehr Inspirationen kann der My4tl Guide (my4tl.at) empfohlen werden.

12 Vgl. Peer, Andrea: *Perspektiven der Regionalentwicklung durch Tourismus in einer touristisch noch wenig erschlossenen Region. Das Beispiel des Mühlviertels*, Dipl. Universität Wien, Wien 2016, S. 36.

13 Ebd., S. 57 ff.

14 Ebd., S. 59.

1990er-Jahren stattfindet. Während in derselben Zeit andere Mühlviertler Beherbergungsbetriebe im großen Stil zusperrten, vermehrte sich das Angebot im gehobenen Segment.[15]

Dieser Trend geht einher mit jenem der kurzen Aufenthaltsdauer. Bei kontinuierlich steigenden Ankunftszahlen ist die Anzahl der Nächtigungen kaum mitgewachsen – die durchschnittliche Aufenthaltsdauer hat sich mittlerweile auf 2–3 Tage verringert.[16] Man spricht bei solchen Kurztrips gerne von einer Gegenbewegung zur klimaschädlichen und finanziell belastenden Fernreise. Erreicht werden die entlegenen Destinationen dennoch bevorzugt mit dem Pkw. Im Jahr 2023 wählten 81 % der Reisenden das Auto zum Erreichen ihrer Urlaubsdestination in Österreich.[17] Das Gute bei der Anreise von Linz ins Mühlviertel ist zwar, dass der Weg kein allzu weiter ist, aber er wird dementsprechend öfter auf sich genommen und auch vor Ort bewegt man sich bevorzugt mit dem Auto.[18] Hier gibt es aktuell noch unzureichende Alternativen. Speziell im Mühlviertel sind die meisten Gebiete meist nur mit dem Bus erreichbar, bei dem beispielsweise selten die Möglichkeit zur Radmitnahme gegeben ist. Im Mühlviertel finden sich zwar Car-Sharing-Angebote, wohl müssten auch sie für Besucher*innen attraktiver gestaltet werden. Einige Unterkünfte und Tourismusverbände bieten deshalb Shuttleservices oder Mehrtagesreisen mit öffentlichen Verkehrsmitteln an. Diese Angebote sind nicht nur aus ökologischen Überlegungen relevant, sondern auch deshalb, weil sich in den österreichischen Städten die meisten Haushalte ohne eigenen Pkw befinden. Für Linz als Zielgruppe sind entsprechende Mobilitätskonzepte daher ausschlaggebend.[19]

Über den exakten Anteil der Linzer*innen unter den Gästen im Mühlviertel können keine Aussagen gemacht werden. Fest steht jedoch, dass die Oberösterreicher*innen selbst die Hauptzielgruppe des Mühlviertels verkörpern. Die drei großen Tourismusregionen *Ferienregion Böhmerwald*, *Mühlviertler Alm Freistadt* und *Mühlviertler Hochland* empfingen in der Sommersaison 2022 unter allen ihren Übernachtungsgästen 45 % aus Oberösterreich.[20]

Statistisch genauso wenig erfasst sind Tagesausflüge. Sie machen einen Großteil der Reisebewegung von Linz ins Mühlviertel aus. Auf punktuelle Nachfrage bei verschiedenen

Otto Hainzl, aus der Serie:
Hotels I Know, Gutau, 2008,
Kunstdruck auf Büttenpapier, 60 × 40 cm,
Courtesy the artist

15 Marke Mühlviertel: Aus fünf mach eins, 3.5.2014, https://ooe.orf.at/v2/news/stories/2645190/, zuletzt aufgerufen am: 16.12.2023.

16 Oberösterreich Tourismus (Datenquellen: Amt der Oö. Landesregierung / Statistik Oberösterreich; Statistik Austria), Stand Dez. 2023.

17 https://www.wko.at/oe/tourismus-freizeitwirtschaft/tourismus-freizeitwirtschaft-ueberblick-2023-1.pdf

18 Eine Studie stellte 2018 „fest, dass rund 8 % der globalen Treibhausgas-Emissionen aus dem weltweiten Tourismus stammen. Maßgeblich für diesen negativen Einfluss ist allen voran der durch den Tourismus induzierte Verkehr, der sowohl die Anreise und Mobilität der Touristinnen und Touristen in der Destination umfasst als auch die Mobilität der im Tourismus Beschäftigten und der für den Tourismus relevanten Güter." Brandenburg 2018 (s. Anm. 8), S. 18.

19 2021 lag Linz dahingehend an vierter Stelle nach Wien, Innsbruck und Graz. https://vcoe.at/presse/presseaussendungen/detail/vcoe-analyse-unterschiede-zwischen-oesterreichs-bezirken-bei-autobesitz-auch-im-coronajahr-groesser-geworden, zuletzt aufgerufen am: 16.12.2023.

20 Oberösterreich Tourismus (s. Anm. 16). Entgegen der Vermutung, erst die Covid-19-Pandemie lasse die Menschen ihre unmittelbare Umgebung für sich entdecken, stellt dieser Wert keinen Anstieg zum Vorpandemiejahr 2019 dar.

Otto Hainzl, *Ohne Titel*, 2007,
Kunstdruck auf Büttenpapier, 40 × 60 cm,
Courtesy the artist

Mühlviertler Beherbergungsbetrieben wird bestätigt, dass die Linzer*innen gerne und vor allem immer häufiger, dafür kürzer und tendenziell spontaner als Gäste aus entfernteren Regionen kommen. Es zeichnet sich auch ab, dass Urlaub am Bauernhof zunehmend ein Konzept für Linzer*innen ist. Hier wird von ähnlichen Verhaltensmustern berichtet. Die Gäste aus der nahen Hauptstadt kommen in der Regel für zwei bis drei Tage. Beobachtet wird auch, dass die Auszeit am Bauernhof für den erweiterten Familienverband gemeinsam mit den Großeltern beliebt ist. Insbesondere sind Betriebe, die für den kurzen Aufenthalt Frühstück und viele Tiere für die Kinder bieten, gefragt.

Auf der Suche nach Erfrischung

Der Sommer lässt die Nachteile der dicht verbauten Stadt ihren Bewohner*innen am direkten Leib spüren. Im Gegensatz zu Grünflächen sind bebaute Oberflächen meist wasserundurchlässig. Sie können Feuchtigkeit nicht aufnehmen, um sie später wieder kühlend zu verdunsten. Die städtischen Strukturen speichern die Wärme, strahlen diese wieder ab und verhindern zudem die Luftzirkulation.[21] Das spürt man auch in Linz, wo die durchschnittliche Jahrestemperatur im Vergleich zur vorindustriellen Zeit bereits um 2 °C angestiegen ist. Die Klimaveränderung bringt auch mit sich, dass die Hitzetage (über 30 °C) und die Tropennächte (über 25 °C) in der Stadt zunehmen. Verzeichnete man in Linz bis in die 1990er-Jahre im Schnitt nie mehr als zehn Hitzetage pro Sommer, sind es heute im laufenden Mittelwert über die vorangegangenen zehn Jahre bereits über 20.[22] Diese Hitzeperioden sind zur gesundheitlichen Belastung für die städtische Bevölkerung geworden und eine der treibenden Gründe für die Flucht aufs Land. Hier erhofft man sich Linderung. In Aussicht stellen diese die Höhenlagen des Mühlviertels (an einigen Orten über 1 000 m über der Adria), die schattigen Wälder und Flusstäler.

Im Jahresmittel werden in der Region nördlich von Linz 3 °C weniger gemessen, also etwa 7 °C. Hier befindet sich sogar die kühlste Gemeinde Oberösterreichs, Liebenau, mit einer Jahresmitteltemperatur von nur 5,5 °C.[23] Allgemein herrscht ein „klimatisches Nord-Süd-Gefälle"[24]. Der Süden, entlang der Donau, hebt sich weniger stark von den Temperaturen des Zentralraums ab und ist daher vor allem im Frühjahr bereits wetterbegünstigt.[25] Im Gegensatz zum Salzkammergut fällt im gesamten Mühlviertel wesentlich weniger Niederschlag. Wobei auch bei der jährlichen Regenmenge der geringste Wert innerhalb des Bundeslandes im nordöstlichen Mühlviertel, entlang der Feldaist, gemessen wird.[26]

Nichtsdestotrotz ist auch die ländliche Region von den menschengemachten Klimaveränderungen betroffen. Allerdings auf einem niedrigeren Niveau, weshalb das Mühlviertel touristisch gesehen auch davon noch profitieren kann. Die Vegetationsperiode verlängert sich zunehmend und somit ebenfalls die Saison. Viele Badeplätze sorgen verlässlich für Kühlung, darunter auch einige Fließgewässer, die sich deutlich weniger aufheizen. Man denke an die Naturbadeplätze *Hohensteg* (Waldaist), *Kriehmühle* (Feldaist) oder *Kranzling* (Große Mühl), den *Rubener Teich* (Tanner Moor), das *Rodlbad* in Gramastetten, die *Resilacke* im ehemaligen Granitsteinbruch Kleinzell oder das Naturschutzgebiet *Pesenbachtal*.

Die vermehrten Hitzewellen und die zunehmende Trockenheit im Sommer auch auf dem Land darf dennoch nicht unterschätzt werden und ist nicht nur für Land- und Forstwirtschaft zunehmend prekär.[27] Moore, wie das eben erwähnte *Tanner Moor*, sind besonders sensible Ökosysteme, die speziell auch unter dem aus den Veränderungen resultierenden, sinkenden

Thomas Pauli, ***Pesenbachtal***, 2023, Fotografien, Courtesy the artist

21 Vgl. Brandenburg 2018 (s. Anm. 8), S. 17.

22 Stadt Linz.

23 Amt der Oö. Landesregierung, *Klima in Oberösterreich*, https://www.land-oberoesterreich.gv.at/18479.htm, zuletzt aufgerufen am: 16.12.2023.

24 Peer 2016 (s. Anm. 12), S. 28.

25 Ebd., S. 29.

26 Amt der Oö. Landesregierung (s. Anm. 23).

27 Auch dieser Aspekt ist nicht isoliert zu betrachten. Denn sterben beispielsweise die Wälder unter anderem durch den aufgrund des Klimawandels begünstigten Borkenkäfer, hat dies auch negative Auswirkung auf die Attraktivität der Region.

Gregor Graf, ***Rodlbad in Gramastetten***, 2023,
Fotografie, 50 × 65 cm, Nordico Stadtmuseum Linz, Inv.-Nr. D891

Das Waldbad ist ein Stück historisches Gramastetten mit einer mehr als 100-jährigen Geschichte.

Grundwasserspiegel leiden. Es treten vermehrt Extremwetterereignisse wie Starkregen auf, die der ausgetrocknete Boden nicht aufnehmen kann. Daraus entsteht ein erhöhtes Risiko für Hochwasser einerseits und andererseits wird die Trinkwasserneubildung erschwert, welche mancherorts nicht mehr gesichert ist, noch dazu, wenn der Wasserbedarf durch steigende Gästezahlen in einer Region parallel dazu anwächst.[28] Das sind nur einige wenige Gründe, die unterstreichen, dass die Naturräume als Ressource für das Mühlviertel intakt gehalten werden müssen. Erfolgreiche Klima- und Umweltschutzmaßnahmen sind somit die Voraussetzung, damit die Region als erholsame Sommerfrische-Destination attraktiv bleibt.

28 Bundesministerium für Land- und Forstwirtschaft, Umwelt und Wasserwirtschaft: *Der Klimawandel in Oberösterreich*, o. J., https://www.doris.at/themen/umwelt/pdf/clairisa/oeks15/08112017_O-Oesterreich.pdf, zuletzt aufgerufen am: 16.12.2023.

Zwischen Ruinen, Granit und Weitblick

Die Mühlviertler Landschaft also. Befreiend kann der Weitblick sein, die Übersicht über die Wiesen und Wälder auf den ungezählten Hügeln bis weit ins Land hinein ins Gebirge. Beschützend und beruhigend dagegen das Abtauchen in die Wälder oder die wilden Flusstäler wie in der *Stillensteinklamm*. Und überall der Granit, besondere Steinformationen wie der *Kerzenstein*, die *Jankusmauer*, der *Bücherstein* oder die *Wackelsteine*. Die Region beherbergt zudem etliche Kraftplätze und Kultstätten im weitesten Sinn, wie die *Bucklwehluck'n* in St. Thomas am Blasenstein, deren Querung in die richtige Richtung (von Ost nach West) von Rückenschmerzen und rheumatischen Leiden befreien soll.

Die ideale Bewegungsart zu und zwischen diesen landschaftlichen Besonderheiten ist die Wanderung. Am besten kombiniert mit einem anschließenden Sprung ins Wasser und einer stärkenden Einkehr im Wirtshaus. Als zeitlose Ausflugsziele im doppelten Sinn drängen sich die vielen Ruinen der Region wie auch die Aussichtspunkte mit Panoramagarantie nahezu auf. Die höchste Erhebung direkt am Dreiländereck ist der *Plöckenstein* mit 1 379 m ü. A. Nicht nur von hier kann man seinen Blick so weit über den Böhmerwald (immerhin das größte zusammenhängende Waldgebiet Mitteleuropas) schweifen lassen: Auch vom *Bärenstein* oder von einem recycelten Ölbohrturm, der als Moldaublick genutzt wird, ist dies ebenbürtig möglich.

Seit einiger Zeit gewinnt das mehrtägige Weitwandern mit oder ohne Pilgermotiv an Beliebtheit. Neben einem der bekanntesten, dem *Johannesweg*, bieten sich unter anderen mit dem *Nordwaldkammweg* oder dem *Granitpilgerweg* noch einige weitere Routen an. Einer, der sich über die gesamte Länge des Mühlviertels und darüber hinaus erstreckt, ist der *Donausteig*. Er wurde 2010 angelegt und bringt damit auch Fußgänger*innen in die überwiegend mit dem Fahrrad bereiste Donauebene. Hier liegt die Wiege des Radtourismus in Oberösterreich. Der internationale Donauradweg wurde ab den 1980er-Jahren entwickelt, tritt kurz vor der *Schlögener Schlinge*, wo die Donau eine seltene, steile Doppelwendung nimmt, ins Mühlviertel ein und verläuft auf dessen Fläche bis zum historischen Handelsstädtchen Grein. Die gesamte Strecke ist mittlerweile gesäumt von zahlreichen Radrundwegen, die ins Land hinein als Varianten angelegt wurden.

In der *Schlögener Schlinge* ist die Donau so eng in die umgebenden Erhöhungen eingebettet, dass sich in ihrer Innenseite eine natürliche Sackgasse ergibt. Hier trifft man auf die Familie Pumberger. Sie betreibt in langer Familientradition eine Landwirtschaft direkt in der Schlinge. Zu ihnen kamen schon vor 100 Jahren Sommerfrischler*innen, damals noch hauptsächlich aus Wien. Viele der Besucher*innen reisten mit dem Zug an und bestritten die Strecke zurück mit dem Faltboot über die Donau. Die beliebteste Variante der Linzer*innen heute ist ebenfalls die Anreise mit dem Zug nach Passau, von wo man mit dem Rad direkt den Hof ansteuert. Der Biobetrieb stärkt alle mit hofeigenen Produkten und lässt seine Gäste beim Übernachten wählen: im Fremdenzimmer oder im eigenen Zelt – wiederum wahlweise auf der Streuobstwiese oder am Ufer der Donau. Am nächsten Tag folgt zumeist die Heimreise nach Linz. Dafür wird man von der Familie persönlich ans andere Donauufer

Gregor Graf, ***Freibad mit Blick auf die Burgruine Waxenberg***, 2023,
Fotografie, 65 × 50 cm, Nordico Stadtmuseum Linz, Inv.-Nr. D 892

übergesetzt. Hier erklärt sich der Name des Familienbetriebs „Zur Fährfrau". Seit Ende der 1970er-Jahre bietet sie diesen Service an. Zunächst noch mit einem einfachen Ruderboot, etwas später mit einem Motor ausgestattet, wurde schließlich eine stattliche Fähre angeschafft – pünktlich zum Aufkommen des Donauradwegs und der radelnden Gäste.

Der Rad-Highway erlebte schließlich in den frühen 2000er-Jahren seinen Höhepunkt, seither sind die Bewegungsmuster der Gäste vielfältiger geworden. Die Donauschifffahrt bringt Radler*innen zu einzelnen Tagesetappen entlang der Donau und die E-Mobilisierung der Fahrräder erlaubt vielen, die Ebene an der Donau zu verlassen. Sie, wie auch Mountainbiker*innen, kosten nun die gesamten Hügel des Mühlviertels aus. Das Radwegnetz hat sich rasant verdichtet und bietet von mehrtägigen Strecken wie der *Tour de Alm* bis zu kürzeren Ausflugsrouten wie den *Bierradtouren* rund um Freistadt ein weites Spektrum. Ebenso verhält es sich mit Reitwegen, der dritten unter den beliebtesten Fortbewegungsarten durch die Region. Wer sich am Rücken eines Pferdes nicht wohl fühlt, findet alternativ die Möglichkeit, stattdessen in der Gesellschaft eines Alpakas, Lamas oder Esels zu wandern oder sich zumindest von einem Pferd entlang der historischen Pferdeeisenbahn in Kerschbaum bei Rainbach kutschieren zu lassen.

Und sonst so?

Da die landschaftlichen und klimatischen Qualitäten bereits als regionale Ressource genannt wurden, müssen diese um die gelebten Traditionen und Brauchtümer sowie ihr Wissen darum ergänzt werden. Denn eine Gegend, die sich aufgrund der fehlenden langjährigen Tourismustradition nicht für diese verbogen hat, wird als authentisch wahrgenommen. Darüber hinaus lassen sich verschiedene gesellschaftliche Trends wie das Streben nach Nachhaltigkeit, Regionalität, Naturverbundenheit, Self-Care und die gelebte Eventlust gut an diese andocken. Fern des Massentourismus können hier kleinstrukturierte, gut vernetzte und auf die Region abgestimmte Angebote entwickelt werden.

Markant ist im Mühlviertel, dass sich hier die Hälfte aller Biobetriebe Oberösterreichs versammelt und besonders viele Landwirt*innen auf Direktvermarktung setzen.[29] In diesem Kontext sind in den letzten Jahren einige Schaubetriebe entstanden, in denen man nicht nur Einblicke in die Herstellung regionaler Lebensmittel und anderer Produkte erhält, sondern oftmals auch selbst Hand anlegen und Erfahrung mit Unbekanntem schöpfen kann. Im Mühlviertel sind alte Handwerkstechniken wie der Blaudruck, die Weberei, die Bierbrauerei[30] und die Verarbeitung landwirtschaftlicher Erzeugnisse traditionell besonders stark verankert und

29 Landwirtschaftskammer Oberösterreich: Land- und Forstwirtschaft in Oberösterreich. Zahlen, Daten, Fakten, Linz 2022, S. 20.

30 „Mit 140 Hektar Anbaufläche ist das Mühlviertel das größte Hopfen-Anbaugebiet Österreichs." https://www.landoberoesterreich.gv.at/Mediendateien/Formulare/Dokumente%20PraesD%20Abt_Praes/Ansicht_A3_Einlageblaetter_Tourismus_NEU.pdf

Gregor Graf, ***Giselawarte/GIS***, 2023,
Fotografie, 65 × 50 cm, Nordico Stadtmuseum Linz, Inv.-Nr. D 893

somit Teil der lokalen Kultur und Identität.[31] Entsprechend dieser Schwerpunkte bietet sich für Interessierte ein ganzer Reigen an Angeboten von lokalen Betrieben, seien es Schnapsbrennereien, Brauereien, Kräuterbetriebe, Druckwerkstätten oder Ölmühlen.

Abseits der Manufakturen steht erneut die Natur im Mittelpunkt. Hoch im Kurs sind Programme, die die Besucher*innen nach draußen führen und in Kontakt mit der Natur und den ihr innewohnenden Heilkräften bringen. Das Wissen um das Ökosystem, das uns umgibt, und um die Wirkung und Anwendungs- sowie Verarbeitungsmöglichkeiten heimischer Pflanzen erfährt aktuell ein Comeback. Hier setzen die vielfältigen Angebote des *Naturparks Mühlviertel*, des *Green Belt Centers* oder des *Oberösterreichischen Naturschauspiels* an.

Nicht zuletzt wächst diese Bewegung aus persönlichen Gründen. Die mittlerweile permanente Verfügbarkeit des eigenen Selbst in der Hektik des Alltags produziert eine Notwendigkeit, sich auch distanzieren zu können. Was dringend gebraucht wird, sind Auszeiten oder zumindest bewusst erlebte Entschleunigung. Man bemüht sich um Self-Care, ist also versucht, sich in verschiedenster Weise um seine eigene Gesundheit zu kümmern.

Wer sich einfach in Ruhe zurückziehen und das Tempo rund um sich drosseln will, bezieht am besten ein Bett als Selbstversorger*in, je nach Geschmack im Wald wie es in Schöneben im Böhmerwald in der *Ramenai* möglich ist oder an der Donau, in einer der Betonröhrenunterkünfte des *parkhotels* in Ottensheim. So nahe am Takt der Natur ist man sonst nur auf einem der wenigen Campingmöglichkeiten im Mühlviertel oder im *Lummersdorf* in St. Johann am Wimberg. Letztere Destination setzt ähnlich wie *dasparkhotel* auf einfache Schlafunterkünfte, die mit bestehenden lokalen Angeboten ergänzt werden. Viele der Gäste sind auf der Durchreise. Sie bestreiten mehrtägige Wander- oder Radtouren oder bleiben einfach über das Wochenende und unternehmen von hier aus Ausflüge, beispielsweise auf den nahegelegenen Hansberg. Wer länger bleibt, ist ebenso bestens versorgt. Hierfür fließt die örtliche Infrastruktur zusammen. Die Schlafhütten sind direkt in die Freizeitanlagen der kleinen Gemeinde eingebettet, welche samt Sanitäranlagen genutzt werden können. Für die Verpflegung werden Produkte aus der Region geboten (zur Selbstentnahme oder nach Bestellung beispielsweise von der Bäckerei gebracht) und braucht man einen Transport, steht das Reisebusunternehmen des Nachbarorts bereit.

Regionalität und Brauchtum haben im Mühlviertel noch eine weitere ausgeprägte Facette: die der Feste, Märkte und Veranstaltungen. Für viele sind einige von ihnen jährliche Fixtermine und willkommene Anlässe für einen Ausflug. Dazu zählen neben klassischen Handwerksmärkten (Färbermarkt Gutau, Webermarkt Haslach an der Mühl, Brauchtumsmarkt Oberneukirchen, Handwerksmarkt Burg Piberstein oder der Kräuterkirtag in Klaffer) auch historisch angelehnte Spektakel wie das Ritterfest in Waxenberg oder das *Schauschwemmen* am ehemaligen Schwarzenberg'schen Schwemmkanal.

31 Haudum, Alexander: *Nachhaltiger Tourismus im Mühlviertel? Eine anthropologische Perspektive auf regionale touristische Praktiken und die Vermarktung von Natur*, Dipl. Universität Wien, 2017, S. 57 f.

Gregor Graf, ***Braunberghütte, St. Oswald bei Freistadt***, 2023,
Fotografie, 50 × 65 cm, Nordico Stadtmuseum Linz, Inv.-Nr. D 894

Otto Hainzl, ***Flügelaltar***, 2011,
Kunstdruck auf Büttenpapier, 40 × 60 cm,
Courtesy the artist

Aber nicht alles ist alt und geschichtsträchtig. Reizvoll sind daneben die Projekte der jungen, meist in Vereinen organisierten Mühlviertler*innen. Darunter haben sich speziell kulturelle Angebote etabliert wie Sommertheaterprogramme in besonderer Kulisse und regionale Festivals. Alleine in Freistadt wird unter anderem mit der *Sunnseitn*, dem Festival *Fantastika* und dem Filmfestival sorgfältig programmierte Veranstaltungskultur gelebt. Neue Locations für Kultur und Veranstaltungen entstehen nach wie vor, wie beispielsweise in Gallneukirchen, wo ein altes Hallenbad und die ehemalige Feuerwehrhalle unlängst eine zeitgemäße Nachnutzung erfahren haben. Und nicht zuletzt wird zur nächtlichen Zerstreuung Musik geboten: Bei bestens aufgestellten Festivals wie dem *Noppen Air,* dem *Musikclub Open Air Lembach*, dem *Ottensheim Open Air* oder am *Lake on Fire* genauso wie bei dem ausgewählten Konzertprogramm auf der Burg Clam.

Otto Hainzl, aus der Serie: ***Über Sehen***, 2004,
Kunstdruck auf Büttenpapier, 40 × 60 cm,
Courtesy the artist

Otto Hainzl, ***Ohne Titel,*** aus der Serie: ***WIR – Dramaturgie des sozialen Lebens***, 2011,
Kunstdruck auf Büttenpapier, 75 × 100 cm, Courtesy the artist

Chancen der Sommerfrische

Die „neue“, an die heutigen individuellen Bedürfnisse der Städter*innen orientierte Sommerfrische ist im Mühlviertel sichtlich gut aufgehoben. Hier haben sich über die letzten Jahre verschiedene Standbeine für die Erholungssuchenden, unter der Voraussetzung ohne Massentourismus auszukommen und Angebote mit Rücksicht auf die lokalen Ressourcen zu schaffen, herausgebildet. Bleiben diese Umstände erhalten, hat die Region die Chance ein exklusiver und doch für alle konsumierbarer Naherholungsraum zu bleiben.

Das ist nicht nur für die (Linzer) Gäste gut. Die entstandenen Angebote und Infrastruktur für die Sommerfrischler*innen tragen auch zur regionalen Entwicklung bei, schaffen Arbeitsplätze und wirken der ländlichen Abwanderung entgegen. Helfen die Gäste in den ländlichen Gemeinden, Wirtshäuser und Bäckereien über Wasser zu halten – kurzum intakte Ortskerne zu bewahren – und üben sie Druck aus, den öffentlichen Verkehr auszubauen und weitere Kultur- und Freizeitangebote zu schaffen, so sind schlussendlich auch die Mühlviertler*innen selbst die Nutznießer*innen von alledem.

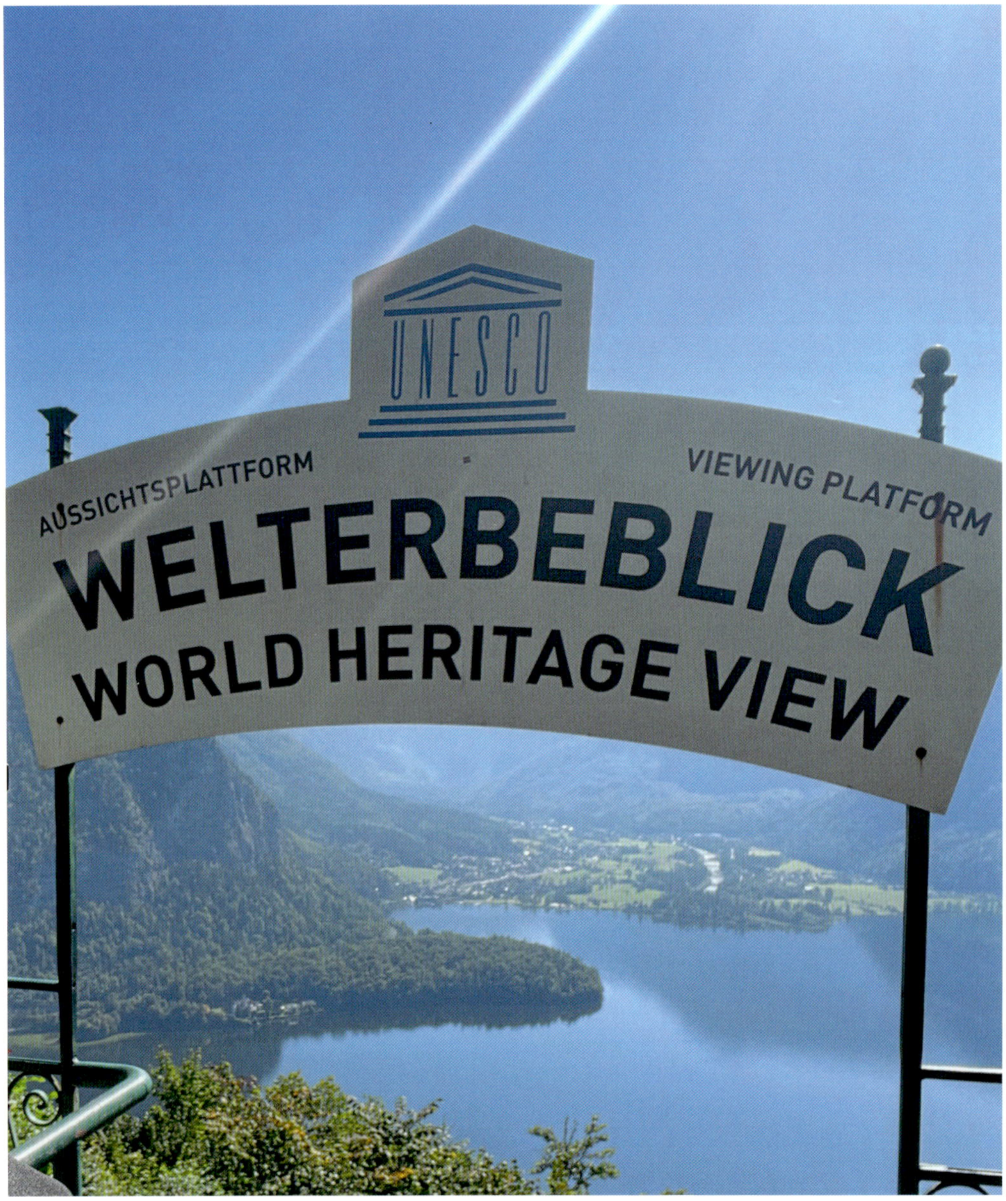

Klaudia Kreslehner, ***Hallstatt***, 2023,
Fotografie, Privatbesitz

Klaudia Kreslehner

Slow Travel & Overtourism

Klaudia Kreslehner, ***Waldbaden***, 2023, Fotografie, Privatbesitz

Von den bewaldeten Hügeln des Mühlviertels bis zu der bergigen Seenregion des Salzkammerguts – der Sommer in Oberösterreich verspricht ein breites Angebot von A bis Z für Urlauber*innen aus nah und fern.

Ausflug, Bergsee, Camping, Doppelzimmer, Eisschlecken, Fernweh, Geheimtipp, Hallstatt, Instafamous, Jugendherberge, Kulisse, Last-Minute, #most-beautiful-place, Naturtourismus, Overtourism, Pension, Quietzone, Rent-a-Dirndl, Slow Travel, Tagesgäste, Umbuchung, Verkehrschaos, Waldbaden, XXL-Badehose, Yoga-am-See, Ziel erreicht.

Neue Trends und Begriffe halten Einzug im touristischen Reise-ABC und schärfen den verklärten Blick auf die Sommerfrische und ihre Destinationen. Zwei davon markieren gleichsam Anfang und Ende der Produktpalette auf der Urlaubs-Stress-Skala von eins bis zehn: Waldbaden & Hallstatt. Es liegt nur ein schmaler Grat zwischen der erfolgreichen Suche nach dem schönsten Reiseziel und seiner Enttäuschung. Auf Trend folgt Gegentrend. Beschleunigte Entschleunigung. Eine Ambivalenz. Eine Hassliebe.

Einmal Waldbaden, bitte!

Klaudia Kreslehner, ***Waldbaden***, 2023, Fotografie, Privatbesitz

Langsam verhallt das Autorauschen der Stadt. Mit jedem Schritt weiter ins Grün hinein wird der Horizont weiter, das Grau der Straßen weniger. Die geschlossenen Häuserfronten weichen zurück und öffnen den Blick auf weitläufigere Gärten, Felder und die Ferne. Der Körper, noch im Alltagsmodus, ist gewohnt, die urbanen Reize abzuschirmen, das Ziel stets vor Augen, der Weg wird im Autopilot begangen. Ein paar Bäume säumen die Straßenränder, sanfte waldbedeckte Hügel erheben sich hinter der Stadtgrenze. Eine mächtige Birke glänzt im Sonnenlicht. Nach und nach verändert sich etwas. Der Schritt verlangsamt sich. Ein tiefer Atemzug. Unmittelbar dreht sich der Kopf in die Richtung eines Vogels, der sein Lied singt. Die Sinne weiten sich. Das Sonnenlicht im Wechselspiel mit dem Schatten der Zweige. Unter den Füßen wird der Boden weicher, Laub und Nadeln bedecken den Weg. Ein vertrauter Geruch erreicht die Nase: pilzig, harzig, nass, satt, sauber. Unmerklich entspannen sich die Gesichtszüge. Die Finger gleiten links und rechts durch die seltsam rauen Lamellen des Farnes am Wegrand, ein paar Haselnussblätter streifen den Arm. Das Plätschern eines Baches mischt sich in das Windrauschen der Baumwipfel. Eine mächtige Eiche lädt ein, an ihrem Fuße Platz zu nehmen. Die Hände berühren die rissige Rinde, mit einem tiefen Ausatmen …

Herzlichen Glückwunsch, Sie sind angekommen: Willkommen beim Waldbaden! Ein Begriff, der stressgeplagten Erholungssuchenden ein Natur-Wellness-Paket zur Entschleunigung und Gesundung verspricht. Als Einzel-Coaching für eine Stunde oder als buchbarer Mehrtages-Trip: die Settings wie Preise sind sehr unterschiedlich, reichen über schriftliche Anleitungen zur Selbsterfahrung bis zu Gruppenachtsamkeitsmeditationen im Wald. In einer Region, die mit knapp 50 % Waldfläche[1] gesegnet ist, wirkt dieses Angebot fast etwas ironisch, ist sie doch eigentlich unser natürliches Habitat.

Dass Waldbaden tatsächlich gesundheitsbringende Wirkungen hat, ist in Japan[2] schon lange bekannt und wird nun auch in Europa wissenschaftlich erforscht[3]. Eigentlich liegt es ja auf der Hand, dass eine ruhige, reizarme Umgebung in guter Luft förderlich für unser Nervensystem und Wohlbefinden ist … Warum also hat jetzt auf einmal Waldbaden als neuer Begriff Konjunktur? Die Antwort auf diese Frage finden wir wohl im Gewordensein der Gesellschaft unserer Zeit und in den damit einhergehenden, steigenden Zivilisationskrankheiten. Im Alltag sind wir mittlerweile unendlichen Informationsangeboten und Handlungsmöglichkeiten ausgesetzt. Die echte Welt hat teils einer virtuellen und damit einer neuen Wirklichkeit Platz gemacht. Die am Bildschirm konsumierte Erfahrung wird als physische Vorstellung im Kopf erlebt, der Geist bewegt sich in imaginierten Welten weiter, der Körper bleibt mit den erfahrenen Reizen allein im Hier und Jetzt. Die Zeit ist knapp und wird eher für schnelle Selbstoptimierung im Fitness-Center als für ausgedehnte Spaziergänge genutzt. Kein Wunder also, dass wir auf der Suche nach Balance, Erdung, Verlangsamung und Nachhaltigkeit mit neu geschnürten Gesundheitspaketen zur Natur zurückkehren; nur etwas seltsam mutet es an, dass wir für etwas bezahlen, das uns gratis zur Verfügung steht. Es scheint, wir haben den Zugang zur Natur und einen achtsamen Umgang mit unserer Umwelt verlernt. Die Bewegung „Slow Travel"[4] – ein notwendiges Gegengewicht zum anderen Extrem?

This is Hallstatt, kein Museum![5]

Sie kommen! Bewaffnet mit Smartphone, Selfie-Stick, Drohne und Tablet haben alle das gleiche Ziel: den besten Spot zu finden, den spektakulärsten Ausblick einzufangen, die Idylle aus dem Bilderbuch zu reproduzieren. Mit einem „Pling" verkündet das Smartphone das erfolgreiche Hochladen des Videos: der Ort markiert, Personen verlinkt und mit Hashtags versehen. #mostbeautifulplace #geheimtipp #bestlocation #mustvisit #instatipp – Ein scheinbar einzigartiger Ort, hundertfach reproduziert, verkommt zur Kulisse. Das „Immer höher, schneller, weiter" unserer Zeit macht sich im Urlaubsverhalten mit einem „Immer kürzer, öfter, spontaner" bemerkbar – die leichte Zugänglichkeit zu Information machen Vorbereitung und Planung einfach, und nicht zuletzt Social-Media-Plattformen öffnen Tür und

Klaudia Kreslehner, ***Hallstatt***, 2023, Fotografie, Privatbesitz

1 https://info.bml.gv.at/themen/wald/wald-in-oesterreich/wald-und-zahlen/waldinventur2019.html, zuletzt aufgerufen am: 2.1.2024.

2 Der Ursprung des Trends lässt sich nach Japan zurückverfolgen. Dort prägte das Ministerium für Land-, Forstwirtschaft und Fischerei in den 1980er-Jahren den Begriff „Shinrin-Yoku", was übersetzt Waldbaden bedeutet. https://www.spektrum.de/magazin/die-heilsame-wirkung-des-waldbadens/1652246, zuletzt aufgerufen am: 2.1.2024.

3 https://naturheilkunde.immanuel.de/forschung/aktuelle-studien/effekte-von-naturtherapie-und-waldbaden-bei-probanden-mit-kardiovaskulaeren-risikofaktoren/, zuletzt aufgerufen am: 2.1.2024.

4 Bezeichnet langsameres, nachhaltigeres Reisen, ähnlich: Slow Tourism.

5 Ausstellungstitel des Fotografen Hans Wilschut, Kunsthal Rotterdam (2021), https://www.kunsthal.nl/en/plan-your-visit/exhibitions/this-is-hallstatt/, zuletzt aufgerufen am: 2.1.2024.

Klaudia Kreslehner, ***Hallstatt***, 2023, Fotografie, Privatbesitz

Tor zu bisher wenig bekannten oder unbekannten Ausflugszielen. Davor von der Tourismuslandkarte vernachlässigte Ortschaften oder Aussichtspunkte erlangen im Netz oft über Nacht Berühmtheit und ziehen in Folge Blechlawinen nach sich. We are so instagrammable! Die Massen an Besucher*innenströmen verändern Schritt für Schritt das Land. Der Bedarf an Parkplätzen und Infrastruktur steigt. Erfreute Gemeinden und Wirtschaftstreibende reagieren mit Tourismusabgaben und neuen Angeboten, verärgerte Anrainer*innen wehren sich mit Schildern gegen ungebetene Gäste im Vorgarten und Kameras im Wohnzimmer.

Hallstatt, der idyllische Ort am See, ist das Paradebeispiel von Overtourism[6] in Österreich geworden. Knappe 750 Einwohner*innen[7] sehen sich mit rund einer Million Besucher*innen im Jahr konfrontiert. Das Dorf, bis in die 1960er-Jahre nur mit dem Boot erreichbar, wurde 1997 zum UNESCO-Weltkulturerbe[8] erklärt und diente 2006 als Drehort für eine südkoreanische Fernsehserie. Seine Beliebtheit, vor allem bei Tourist*innen aus dem asiatischen Raum, stieg stetig. 2012 schließlich wurde der gesamte Ort 1:1 von einem chinesischen Bergbauunternehmen in der Provinz Guangdong nachgebaut und ist dort seither ein beliebtes Reiseziel. Doch trotz Copy-and-paste: Das Original bleibt das Original und ist eine begehrte Destination. Mit *Rent-a-Dirndl* konsumiert man die alpenländische Kultur als Ganzkörpererlebnis und hält dieses pittoreske Szenario fotografisch fest. Den Zenit an Bekanntheit erreichte Hallstatt schließlich durch Walt Disneys Produktion *Frozen 2*, in dem der fiktive Ort der Handlung, *Arendelle*, große Ähnlichkeit mit der oberösterreichischen Marktgemeinde aufweist. Dicht gedrängt wälzen sich seither die Menschenmassen durch die engen Gässchen. Die Souvenir-Auswahl reicht von billigen Anhängern „made in China“ bis hin zur lokalen Luft aus der Dose[9]. Hat man es schließlich geschafft, schnell ein paar Fotos ohne Menschenmassen einzufangen, ist man froh, den Ort wieder rasch hinter sich lassen zu können. Man freut sich auf Urlaub vom Urlaub. Das Smartphone gezückt, schnell die „Top-10-Ziele-Österreich-2024“ recherchiert. Wie wär's mit dem Gosausee? Scharnstein im Almtal? Waxenberg im Mühlviertel? Das nächste Hallstatt kommt bestimmt!

6 Übertourismus: Wenn die als zu groß empfundene Anzahl an Tourist*innen zu einem Konflikt zwischen Bewohner*innen und Besucher*innen führt.

7 Stand Jänner 2023, Tendenz sinkend.

8 https://www.unesco.at/kultur/welterbe/unesco-welterbe-in-oesterreich/hallstatt-dachstein/salzkammergut, zuletzt aufgerufen am: 2.1.2024.

9 www.evairy.at/hallstatt-air, zuletzt aufgerufen am: 2.1.2024.

NORBERT ARTNER: HALLSTATT REVISITED

„Seit 2012 gibt es Hallstatt nicht mehr allein im Salzkammergut, sondern auch in China. In welchem Verhältnis stehen Vorbild und Kopie, Original und Zitat? In seinen Fotografien ist Norbert Artner an beiden Orten den Fragen nach Imagination und Globalisierung, Funktion und Oberfläche, Inklusion und Exklusion, Ideal und Klischee nachgegangen. Die Aufnahmen entstanden im Zeitraum eines Jahres in ‚Hallstatt See' in der chinesischen Region Guangdong. 2014 haben die Fotografien im Salzkammergut zu einer Auseinandersetzung mit der Spiegelung und Verdoppelung des Ursprungsorts Hallstatt eingeladen und inspiriert."
(Thomas Macho)

Norbert Artner, aus der Serie: ***Hallstatt revisited***,
Ausstellung/Installation im öffentlichen Raum von Hallstatt,
21. Juli bis 31. Oktober 2014, Courtesy the artist

Norbert Artner, aus der Serie: ***Hallstatt revisited***, Hallstatt, 2013,
Courtesy the artist

Norbert Artner, aus der Serie: ***Hallstatt revisited***, 哈施塔特/Hallstatt See (Boluo/CN), 2013,
Courtesy the artist

Norbert Artner, aus der Serie: ***Hallstatt revisited***, Hallstatt, 2013,
Courtesy the artist

Norbert Artner, aus der Serie: ***Hallstatt revisited***, 哈施塔特/Hallstatt See (Boluo/CN), 2013,
Courtesy the artist

Norbert Artner, aus der Serie: ***Hallstatt revisited***,
Ausstellung/Installation im öffentlichen Raum von Hallstatt,
21. Juli bis 31. Oktober 2014, Courtesy the artist

Autor*innen

Andrea Bina, 1967 in Linz geboren, Mag.a. phil., lebt und arbeitet in Linz, Wien und Sankt Veit im Mühlkreis, Kulturhistorikerin, seit 2010 Leiterin des Nordico Stadtmuseum Linz. Studium der Theaterwissenschaft, Kunstgeschichte, Geschichte und Germanistik an der Universität Wien. Absolventin des Lehrganges „Kultur Management" an der Universität für Musik und darstellende Kunst, Wien (IKM). 1998–2010 wissenschaftliche Mitarbeiterin, Kuratorin und Leiterin der Bibliothek in der Neuen Galerie der Stadt Linz, später Lentos Kunstmuseum Linz. Seit 2021 Mitglied des Museumsbeirates (BMKÖS). 2022/23 Ankaufskuratorin der Stadt Linz. Zahlreiche Ausstellungen und Publikationen an der Schnittstelle zwischen Kunst, Architektur und Stadtgeschichte.

Nikolaus Benke, 1954 in Wien geboren, Studium der Rechtswissenschaften in Wien und London; Dr. jur. 1978, LL.M. (London, UK) 1982. Habilitation für Römisches Recht 1989. Seit 1993 Universitätsprofessor am Institut für Römisches Recht und Antike Rechtsgeschichte der Universität Wien, Institutsvorstand 2000–2018. Seit 2019 im Ruhestand. Forschungsschwerpunkte im Antidiskriminierungsrecht, in den Legal Gender Studies und im Römischen Recht.

Berthold Ecker, 1961 in Linz geboren, Studium der Kunstgeschichte und Kulturanthropologie an der Universität Wien, Dr. phil., 1991 Referat Bildende Kunst der Kulturabteilung der Stadt Wien, ab 2003 Referatsleiter. 1998 Gründung MUSA Museum Startgalerie Artothek. 2004 Gründung des „Monats der Fotografie Wien" und des EMOP (Europäischer Monat der Fotografie). 2007–2017 Direktor des MUSA. Seit 2018 Kurator für zeitgenössische Kunst im Wien Museum. Publikation der Jahrzehntereihe zur Wiener Kunst ab den 1950er-Jahren (6 Bde.).

Tobias Hagleitner, geboren 1981 in Bregenz, hat 2008 an der Kunstuniversität Linz im Fach Architektur diplomiert, 2018 promoviert, Mag. arch., PhD. Seit 2007 freischaffend in den Bereichen Baukunst, Gestaltung und Architekturkommunikation, ist er u. a. auch freier Mitarbeiter und Kurator im afo architekturforum oberösterreich (2020/21 interimistische Leitung). An der Kunstuniversität Linz unterrichtet er Architektur und Umweltgestaltung am Institut für Kunst und Bildung.

Klaudia Kreslehner, geboren 1982 in Linz, Kulturmanagerin, Mag.a phil., seit 2011 Kuratorin bei den Museen der Stadt Linz. Sie hat sich auf interdisziplinäre Ausstellungen an der Schnittstelle von Gesellschafts-Kultur und Stadtgeschichte spezialisiert. Bei ihren Projekten greift sie gesellschaftspolitisch relevante Themen auf und bringt diese in partizipative Formate. Dabei vernetzt sie Community Outreach mit aktuellen Fragen und zeitgenössischer Kunst.

Margareta Moser, geboren 1934 in Linz, lebt in Wien. Aufgewachsen in Linz, Ausbildung zur Arbeitslehrerin in der Lehrerbildungsanstalt Honauerstraße, verbrachte in ihrer Kindheit viele Sommer im Mühlviertel sowie mehrere Monate während der Evakuierung im Zweiten Weltkrieg. Als junge Lehrerin in Vorderweißenbach und Ried im Innkreis, u. a. für das schwedische Hilfswerk tätig, einige längere Aufenthalte in Schweden. Nach der Geburt von zwei Töchtern unterrichtete sie bis zur Pensionierung als Lehrerin in Linz-Urfahr.

Michaela Nagl, 1962 in Gmunden geboren. Studium der Kunstgeschichte an der Universität Wien, Mag.a phil., ab 1993 in der Artothek und Startgalerie, ab 2018 im Wien Museum tätig, seit 2023 freischaffende Kuratorin. Ausstellungen und Texte zur österreichischen Kunst des 20. Jahrhunderts.

Herta Neiß, geboren 1967 in Steyr, Studium der Betriebswirtschaftslehre, Doktorat in Wirtschaftsgeschichte, Dr.in phil., Kuratorin der OÖ. Landesausstellung 2021 in Steyr, aktuell des Museums der Stadt Bad Ischl im Rahmen der Kulturhauptstadt „Salzkammergut 2024", Autorin, Leiterin des Masterstudiums „Tourismusmanagement" am Institut für Wirtschafts-, Sozial- und Umweltgeschichte der Johannes Kepler Universität Linz, Mitglied des OÖ. Landeskulturbeirates.

Elisabeth Nowak-Thaller, geboren 1960 in Linz, Dr.in phil., Kunsthistorikerin, Studium der Kunstgeschichte und Publizistik an der Paris-Lodron-Universität Salzburg. Seit 1986 Ausstellungskuratorin und -organisatorin, Kunstvermittlerin, Sammlungsleiterin (Abt. Gemälde und Skulpturen), Provenienzforscherin sowie Vizedirektorin in der Neuen Galerie der Stadt Linz/ Lentos Kunstmuseum Linz (ab 2003). 2015/16 Ankaufskuratorin der Stadt Linz. Internationale Ausstellungskooperationen, Autorin von Publikationen zur Kunst des 20. Jahrhunderts. 2022 Oberösterreichischer Landeskulturpreis für Kunst und Geisteswissenschaften.

Thomas Pauli, geboren 1962 in Salzburg, aufgewachsen in Tirol, lebt und arbeitet in Wien und Bad Ischl, Architekturstudium TU Wien, DI, 1991–1995 Assistent am Institut für künstlerische Gestaltung TU Wien, Gastprofessur, Lehraufträge und Vorträge in Brasilien, Peru und den USA, 1995 Gründung Atelier *artsign*, Kirchenprojekte in Österreich, Deutschland und Belgien mit Leo Zogmayer, Filialen und Manufaktur der Bäckerei Joseph, Bauen im Bestand, Denkmalpflege, Kunst-am-Bau-Projekte, Kunst-Projekte und Ausstellungsgestaltungen.

Johanna Rachinger wurde 1960 in Putzleinsdorf/Oberösterreich geboren, Studium der Theaterwissenschaften und Germanistik an der Universität Wien, promovierte 1986, Dr.in phil. Nach Stationen im Wiener Frauenverlag und als Leiterin der Buchberatungsstelle des Österreichischen Bibliothekswerks, war sie Geschäftsführerin des Verlags Ueberreuter. Seit 2001 ist Johanna Rachinger Generaldirektorin der Österreichischen Nationalbibliothek.

Lisa Schmidt, geboren 1991 in Linz, aufgewachsen im Mühlviertel, studierte Kunstgeschichte (BA), Medienkultur und Kunsttheorien (MA) in Wien und Linz. Sie ist als Registrarin und Kuratorin für das Nordico Stadtmuseum Linz tätig. 2017–2020 Studienassistentin am VALIE EXPORT Center in Linz. Schwerpunktmäßig befasst mit privaten und musealen Sammlungen und Materieller Kultur.

Martin Sturm, geboren 1957 in Gmunden, Mag., Studium der Germanistik und Amerikanistik an der Universität Innsbruck. Bis 2022 Direktor des OK Offenes Kulturhaus & OÖ Kulturquartier. Zahlreiche internationale Ausstellungsprojekte im Bereich der Gegenwartskunst (u. a. *Höhenrausch* 2009–2021) sowie literarische und kulturgeschichtliche Ausstellungen u. a. zu Adalbert Stifter.

Georg Wilbertz, geboren 1963 in Mönchengladbach, Dr. phil., Studium der Kunstgeschichte, Archäologie und Geschichte in Köln und Wien. Langjährige lehrende und forschende Tätigkeit an verschiedenen Hochschulen und Universitäten in Deutschland und Österreich (Architektur- und Stadtbaugeschichte, Architekturtheorie). Aktuell kuratorisch und publizistisch befasst mit Themen der Architektur und bildenden Kunst. Schlagzeuger im Bereich der improvisierten und neuen Musik.

Privat Zimmer, um 1970,
Folie auf Aluminium, 40 × 30 cm,
Familie Ujvari, Scharnstein im Almtal

Ausgewählte Literatur

Achleitner, Friedrich: ***Österreichische Architektur im 20. Jahrhundert***, Bd. 1, Salzburg/Wien 1980.

Alte Spuren neue Wege, OÖ. Landesausstellung 2013 in Bad Leonfelden, Český Krumlov (Krumau), Freistadt und Vyšší Brod (Hohenfurth), Ausst. Kat., Linz 2013.

Arnbom, Marie-Theres: ***Die Villen von Bad Ischl. Wenn Häuser Geschichten erzählen***, Wien 2017.

Baum, Peter: ***Der Attersee in der Malerei des 20. Jahrhunderts***, Ausst. Kat., Attersee/Linz 1999.

Bernard, Erich/Eiblmayr, Judith et al. (Hrsg.): ***Der Attersee. Die Kultur der Sommerfrische,*** Wien 2015.

Bernard, Erich/Zimmermann, Elisabeth et al. (Hrsg.): ***Der Traunsee. Der Mythos der Sommerfrische***, Wien 2012.

Bina, Andrea/Reutner, Brigitte: ***Klick! Linzer Fotografie der Zwischenkriegszeit. Von Berufsfotografen, Amateuren und Knipsern***, Nordico Stadtmuseum Linz, Linz 2016.

Brandenburg, Christiane et al.: ***REFRESH! Revival der Sommerfrische. Aus der städtischen Hitze in die Sommerfrische. Inspirationen für stadtnahe Destinationen***, Rahmendokument, Wien 2018, S. 31 ff.

Brusatti, Alois: ***100 Jahre österreichischer Fremdenverkehr. Historische Entwicklung 1884–1984***, Wien 1984.

Busset, Thomas/Lorenzetti, Luigi/Mathieu, Jon (Hrsg.): ***Tourismus und kultureller Wandel***, Zürich 2004.

Butz, Ursula: ***Habsburg als Tourismusmagnet. Monarchie und Fremdenverkehr in den Ostalpen 1820–1910***, Wien/Köln/Weimar 2021.

Das Mühlviertel, Natur. Kultur. Leben, Oberösterreichische Landesausstellung im Schloß Weinberg bei Kefermarkt, Ausst. Kat., Linz 1988.

Deutsches Wörterbuch der Brüder Grimm, Bd. 16, Leipzig 1905.

Feichtinger, Karin: ***Bad Ischl lebt und stirbt mit dem Fremdenverkehr. Die Entwicklung des Fremdenverkehrs in Bad Ischl unter besonderer Berücksichtigung der Zwischenkriegszeit***, Diplomarbeit, Universität Salzburg 1992.

Hachtmann, Rüdiger: ***Tourismusgeschichte***, Göttingen 2007.

Hamann, Brigitte: ***Kronprinz Rudolf. Majestät, ich warne Sie ... Geheime und private Schriften***, Wien, München 1979.

Haudum, Alexander: ***Nachhaltiger Tourismus im Mühlviertel? Eine anthropologische Perspektive auf regionale touristische Praktiken und die Vermarktung von Natur***, Diplomarbeit, Universität Wien 2017.

Hauenfels, Theresia/Jorda, Thomas: ***Wohnen im Sommer. Das Phänomen Sommerfrische***, St. Pölten/Salzburg 2009.

Heinsse, Carl Gottfried: ***Linz und seine Umgebungen. Mit einem Überblicke der merkwürdigsten Städte und Gegenden von Oberösterreich***, Linz 1812.

Howoldt, Jens E.: Von Caspar David Friedrich zu Carl Gustav Carus. Landschaftsmalerei zwischen ästhetischer Autonomie und wissenschaftlichem Anspruch, in: Howoldt, Jens E./Schneede, Uwe M. (Hrsg.): ***Expedition Kunst. Die Entdeckung der Natur von C.D. Friedrich bis Humboldt***, Hamburg 2002.

Huemer, Christian/Louis, Eleonora/Rath, Jürgen: ***Moderne Architektur im Salzkammergut. Traunsee – Attersee***, Ein Architekturführer, Weitra, o.J.

Husslein-Arco, Agnes/Weidinger, Alfred (Hg.): ***Gustav Klimt & Emilie Flöge, Fotografien***, Wien 2012.

Karl, Maria/Kurowski, Stefan: ***Mit heißen Wünschen, Hermann Göring. Vom Dorf St. Peter in Linz, das Hitlers Plänen für ein Hüttenwerk im Wege stand***, Grünbach 1998.

Kos, Wolfgang: „einheimische zweiheimische halbheimische" Wenn Fremde Heimatrecht beanspruchen oder Die Sommerfrische als Übungsgelände bürgerlicher Sentimentalität, in: Csáky, Moritz/Stachel, Peter (Hrsg.): ***Die Verortung von Gedächtnis***, Wien 2001, S. 175–195.

Kreuzer, Bernd: Tourismus ohne Kaiser. Das Salzkammergut und die oberösterreichischen Kurorte zwischen den Weltkriegen, in: Landesarchiv Oberösterreich (Hrsg.): ***Oberösterreich 1918–1938***, Bd. 2, S. 113–225.

Lachinger, Johann: ***„Er stand auf dem Scheidepunkte und sah zurück ...". Adalbert Stifter und Kirchschlag,*** in: Vierteljahresschrift des Adalbert-Stifter-Instituts des Landes OÖ, Jg. 35, Folge 1/2, 1986.

Linnemayr, Angelika: ***Zur Geschichte der Familie Clodi***, in: Jahrbuch des OÖ. Musealvereins. Band 137. Linz 1992.

Litschel, Rudolf Walter/Sperl, Hans (Hrsg.): ***Kirchschlag. Ein Heimatbuch***, Linz 1971.

Maryška, Christian (Hrsg.)/Pfunderer, Michaela: ***Willkommen in Österreich. Eine sommerliche Reise in Bildern***, Ausst. Kat., Wien 2012.

Nagl, Michaela: Agathe Schwabenau (1857–1950), Malerin, in: Bina, Andrea/Fellner, Sabine: ***Auftritt der Frauen. Künstlerinnen in Linz 1851–1950***, Nordico Stadtmuseum Linz, Linz 2022, S.101–109.

Nowak-Thaller, Elisabeth: ***Klemens Brosch. Kunst und Sucht des Zeichengenies***, Nordico Stadtmuseum Linz und Landesgalerie Linz, Linz/Salzburg 2016.

Oberhammer, Monika: ***Sommervillen im Salzkammergut***, Verlag Galerie Welz, Salzburg 1983.

Payer, Peter: Sommerfrische. Ein bürgerliches Ritual als Sehnsucht nach antiurbanen Sinnesreizen, in: Opll, Ferdinand/Scheutz, Martin (Hrsg.): ***Fernweh und Stadt. Tourismus als städtisches Phänomen***, Innsbruck/Wien/Bozen 2018, S. 77–107.

Peer, Andrea: ***Perspektiven der Regionalentwicklung durch Tourismus in einer touristisch noch wenig erschlossenen Region. Das Beispiel des Mühlviertels***, Diplomarbeit Universität Wien, 2016.

Pfeffer, Franz: ***Kirchschlag. Das Bergdorf am Breitenstein***, Linz 1962 (Schriftenreihe des Institutes für Landeskunde von Oberösterreich 13), S. 78ff.

Pfeffer, Franz/Kleinhans, Günther: ***Budweis–Linz–Gmunden, Pferdeeisenbahn und Dampfbetrieb auf 1106 mm Spurweite***, Wien/Linz 1982.

Ploch, Christine: ***Die Entwicklung des Fremdenverkehrs in Oberösterreich seit 1945, unter besonderer Berücksichtigung von Betrieben im Mühlviertel***, Diplomarbeit, Linz 2001.

Sachslehner, Johannes: ***Bad Ischl. K. u. k. Sehnsuchtsort im Salzkammergut***, Wien/Graz/Klagenfurt 2012.

Salzkammergut. OÖ. Landesausstellung 2008, Ausst. Kat., Linz 2008.

Schiffkorn, Elisabeth: ***Das Wirtshaus am Hochficht im Böhmerwald. Die Holzschlag-Loisi erzählt …***, Linz 2005.

Schönthan, Gaby von et al.: ***Konditorei Zauner Bad Ischl und das Salzkammergut***. Eine kleine Kulturgeschichte, München 1982.

Schnürer, Franz (Hrsg.): ***Briefe Kaiser Franz Josephs I. an seine Mutter 1838–1872***, München 1930.

Schütz, Erhard/Gruber, Eckhard: ***Mythos Reichsautobahn: Bau und Inszenierung der „Straßen des Führers" 1933–1941***, Berlin 1996.

Selzer, Erika: ***125 Jahre Salzkammergutbahn***, Ausst. Kat., Kammerhofmuseum, Bad Aussee 2002.

Stifter, Adalbert: ***Winterbriefe aus Kirchschlag, 1866***. Zitiert nach: Winkler (Dünndruck) Gesamtausgabe. Regensburg 1979, Band 5, S. 519ff.

Tauber, Reinhold: ***Stifters Welt. Ein Theater***, Linz 2015.

Trumler, Gerhard: ***Katzensilber. Land zwischen Mihel und Aist, Mühlviertel***, Weitra 1996.

Trumler, Gerhard: ***Kalkstein. Spitzen aus dem Feengürtel, Salzkammergut***, Weitra o. J.

Wagner, Verena: ***Eine jüdische Gemeinde in Bad Ischl***, OÖ. Landesarchiv (Hrsg.), Linz 2023.

Wegscheider, Angela: Soziale Krankenversicherung und Krankenfürsorge in Oberösterreich 1918–1938, in: Landesarchiv Oberösterreich (Hrsg.): ***Oberösterreich 1918–1938***, Bd. 7, S. 171–250.

Zehetner, Josef (Hrsg.): ***Festschrift 25 Jahre Landes-Kindererholungsheim in Kirchschlag***, Amt der Oö. Landesregierung, Linz 1950.

Unbekannt, ***Schwan am Attersee***, 1974,
Fotografie, 9 × 11,5 cm, Privatbesitz

Impressum

Linz auf Sommerfrische. Naherholung im Mühlviertel und Salzkammergut

Ausstellungsdauer: 8.5.–25.8.2024

Nordico Stadtmuseum Linz, Publikation Nr. 123

Herausgegeben von:

Nordico Stadtmuseum Linz

Andrea Bina, Michaela Nagl, Lisa Schmidt

Simon-Wiesenthal-Platz 1, 4020 Linz, Österreich

+43(0) 732-7070 1901

nordico@nordico.at, www.nordico.at

Museen der Stadt Linz GmbH

Ernst-Koref-Promenade 1, 4020 Linz

Geschäftsführung

Hemma Schmutz (Künstlerische Direktion)

Gernot Barounig (Kaufmännische Direktion)

Andrea Bina (Leitung Nordico Stadtmuseum Linz)

Kuratorinnen: Andrea Bina, Michaela Nagl, Lisa Schmidt

Autor*innen: Andrea Bina, Nikolaus Benke, Berthold Ecker, Tobias Hagleitner, Klaudia Kreslehner, Margareta Moser, Michaela Nagl, Herta Neiß, Elisabeth Nowak-Thaller, Thomas Pauli, Johanna Rachinger, Lisa Schmidt, Martin Sturm, Georg Wilbertz

Redaktion: Michaela Nagl

Lektorat: Anja Zachhuber

Bildredaktion: Lisa Schmidt, Sebastian Piringer

Gestaltung: Norbert Artner

Verlagskontakt: Julia Furtner

Ausstellungsorganisation: Lisa Schmidt, Sebastian Piringer

Registratur: Laura Winkler, Iris Kiesenhofer-Fragner

Ausstellungsarchitektur: Thomas Pauli

Bildnachweis:

Cover: Norbert Artner, *„Linz auf Sommerfrische“*, 2024, unter der Verwendung einer Fotografie aus der Serie: ***Hallstatt revisited,*** Hallstatt, 2014

Vorsatz / Nachsatz: Josef Hafner, *Rundpanorama vom Kürnberg*, (Ausschnitte), 1850 bis 1875, Aquarell, Leporello, 26,8 × 550 cm, Nordico Stadtmuseum Linz, Inv.-Nr. T 3420

Fotografie/Reproduktion, wenn nicht anders angegeben: Norbert Artner

Moritz Ablinger/Robert Maybach (S. 39), Andrea Bina (S. 149 unten), Martin Bruner (S. 139 oben rechts), Deutsches Bundesarchiv (Bild 146II-732 / Unknown / CC-BY-SA 3.0), Dorotheum Linz (S. 145 unten), Bernhard Fuchs (S. 100–103), Gregor Graf (S. 171, 172, 202, 207, 209, 211, 213), Nicola Hackl-Haslinger (S. 156), Reinhard Haider (S. 13, 126 unten, 131 oben rechts, 132, 133, 134 oben, 138 oben, 150 links oben und unten, 152, 163 oben, 186, 227), Otto Hainzl (S. 198, 204, 205, 214, 215), Bernadette Huber (S. 60), KHM-Museumsverband, Theatermuseum (S. 108 links oben), Klaudia Kreslehner (S. 216–219), Land Oberösterreich (S. 38), Daniel Leidenfrost (S. 188 unten), Gerlinde Miesenböck (S. 158), Museum der Stadt Bad Ischl (S. 27, 28, 30, 31), Oberösterreichisches Landesarchiv, Plakatsammlung (S. 24, 32, 77), Österreichische Nationalbibliothek (S. 104 rechts oben), Stefan Oláh (S. 114–119, 188 oben, 189 oben), Thomas Pauli (S. 10 links, 104 links oben, 108 rechts oben und unten, 109, 206), Renate Schönmayr (S. 149 oben), Adalbert Stifter-Institut (S. 170 oben), Johannes Stoll/Belvedere, Wien (S. 123), Reinhold Tauber (S. 169), Violetta Wakolbinger (S. 159), Kunsthandel Widder GmbH (S. 185)

Bildrecht Wien: Norbert Artner, Bernhard Fuchs, Gregor Graf, Otto Hainzl, Bernadette Huber, Stefan Oláh, Violetta Wakolbinger

Wir danken für alle privat zur Verfügung gestellten Fotos.

Druck: Print Alliance, HAV Produktions GmbH, Bad Vöslau

Auflage: 1 000 Stück

Gedruckt in Österreich

Sämtliche Quellen wurden sorgfältig recherchiert. Sollte uns ein Nachweis entgangen sein, bitten wir Sie, mit dem Nordico Stadtmuseum Linz Kontakt aufzunehmen.

Verlag Anton Pustet

Bergstraße 12, 5020 Salzburg, Österreich

+43 (0) 662-87 35 07-55

buch@spv-verlage.at, www.pustet.at

ISBN: 978-3-7025-1121-0

Bibliografische Information der Deutschen Nationalbibliothek:

Die Deutsche Nationalbibliothek verzeichnet diese Publikation in der Deutschen Nationalbibliografie; detaillierte bibliografische Daten sind im Internet über http://dnb.d-nb.de abrufbar.

Große Priel.
Spitzmauer.
Hochkasten.
Elm.
Magdalenaberg.

Pettenbach.
Hörsching.
Almfluß.
Dietach
Dachstein.